Polish Short Stories

11 Simple Stories for Beginners Who Want to Learn Polish in Less Time While Also Having Fun

Contents

Introduction

Traveling has become so popular that most people cannot imagine a summer without a short trip to another country. They want to meet new people, learn about different traditions and customs, and celebrate the opportunities they now have. The urge to learn at least one foreign language is now of great importance.

How can I learn a foreign language? This question repeatedly appears in each learner's mind. If you want to master a new language, you need to operate within its key components—reading, listening, vocabulary, grammar, writing, and speaking.

If you have purchased this book, then you are probably not interested in participating in boring language classes or memorizing endless vocabulary columns and grammar rules. So, your question might really look like: **How can I learn a foreign language quickly and efficiently?** The good news is that the solution is right here!

What this book is NOT

This book is NOT a textbook! It will teach you the basics of the Polish language without making you memorize grammar rules and dialogs. While reading, you won't feel like studying or learning—this book will make you relax and have fun.

At this point, you might probably ask yourself, **"So, what is this book really about?"** Well, you are about to read eleven short and catchy Polish stories that will move you closer to your aim—acquiring the Polish language.

Each story consists of the original Polish text and the English translation so that you can follow the plot. After reading each story, you will be provided with a summary in the original language, as well as in English. What is more, the original text of the story will contain some words in bold (in fact, the most difficult ones) that will be translated for you. At the end of each chapter, you will find a set of questions to the text in Polish and English. Pay attention to the details. Of course, you can go back to the original story whenever you want. After all, this book is NOT a test—it has been written to make your language journey fun and easy.

Why reading?

Reading in a foreign language will give you the foundations. No one starts using a foreign language without a certain amount of exposure. Unlike regular textbooks, this book will allow you to practice your language based on real context—the key element to foreign language exposure. Would you like to practice speaking in a foreign language with a real Polish person or with a dialog played from a CD? The odds are that you are looking for a real thing. Therefore, you will enjoy reading the short stories since they portray the real language—not some artificial, out-of-context stuff. Moreover, reading in a foreign language has been proven to have real advantages:

1. **Your vocabulary expands exponentially** - reading in a foreign language is the best way to broaden your vocabulary range. Each new word is placed in a real context so that you can easily remember when and how to use it.

2. **Reading teaches you how to write** - what's the best way to learn how to write in a foreign language? Of course, it's reading! You need to remember that writing in a foreign language can't be based on the style of your native language— each language is unique! Through reading, you familiarize yourself with some features of the written form of your target foreign language.

3. **Reading is fun** – everyone enjoys reading! And you have the opportunity to read some interesting short stories wherever you want—at home, on the beach or in a café.

4. **Reading will make you learn the language way faster** – you will be surprised how much you will learn just by reading some stories and doing simple exercises.

Tips for faster and better reading in a foreign language

Reading is a skill that requires practice. The more effort, the better the results. If you read one book a year (probably on vacation), do not expect outstanding outcomes. To read quickly and efficiently, you need to do it regularly, no matter what language you are faced with. Before you see the tips, remember: systematicity is the key.

1. **Start with simple texts** – if you're a beginner, try to start with some "guided readings" (like this book, for example). You will be provided with translations, explanations, and exercises that will prevent you from getting lost.

2. **You don't have to understand 100 percent of the text** – especially if you're a beginner. If you grasp the general idea of the story, you're already successful.

3. **Try to focus on new words** – there will be some words that you haven't seen before. Try to discover the situation in which they are used and try to guess the meaning. These simple exercises will make you memorize new words way faster.

4. **Adjust the reading to your own needs** – sometimes, you will see many unknown words just within one paragraph or even one sentence. But don't get discouraged. Try to analyze the pieces slowly and translate the words.

5. **Take your time and just relax** – reading in a foreign language may be a bit overwhelming, especially at the beginning. Just take your time and celebrate small wins.

6. **Have fun!** – This book is neither a textbook nor a test! You can check translations in a dictionary, or even translate

entire sentences that are really problematic. As long as you work with the target language, you win.

A few notes about the Polish language

Your decision to learn a foreign language is probably a bit more specific—you decided to learn Polish. Whatever your motivation is, though, you won't be disappointed. Before you immerse yourself in learning, the following is some basic information about both the country of Poland and the Polish language.

The country of Poland was founded in 966 AD—the year of declaring Christianity as a national religion by the first Polish king. Poland is located in Central Europe and shares its borders with Germany in the west, The Czech Republic and Slovakia in the south, and Ukraine, Belarus, Lithuania, and a tiny bit of Russia in the north. In the north, it also has access to the Baltic Sea (around 400 km of the coastline).

Polish is certainly not one of the most spoken languages in the world since it is the official language of Poland exclusively. It has around 38 million speakers in Poland, but many immigrants in countries such as the USA, UK, Germany, Norway or Ireland are Polish. The Polish Community Abroad includes, for example, more than one million Poles in the UK and nearly one million in the States. What is interesting is that many Americans are of Polish origin due to the mass emigration caused by the difficult political situation in Poland in the eighteenth and nineteenth centuries.

Many native speakers of English consider Polish (along with Chinese, Arabic, and Japanese) as one of the hardest languages to learn due to its heavy inflectional system and, probably, pronunciation. It may be partially true; however, the beginning is always the toughest part of any language journey, yet speaking one of the hardest languages in the world is quite an achievement.

Polish is a Slavic language, yet its written form is not based on the Cyrillic alphabet but the Latin script. Therefore, Polish sounds can be tough to learn, especially some unusual consonant clusters like *szcz* or *dżdż*. However, the more you practice the pronunciation, the more automatic it becomes. The beginning is always the hardest part of any language journey since your first language data interfere with the new data that come into your mind. This book will teach you the vocabulary and grammar basics, along with some cultural background. With just fifteen to twenty minutes of practice a day, you can have a decent conversation in the target language, and your use of Polish will improve. Now look at some features of Polish that English speakers might find unusual and are not familiar with:

- The Polish language contains seven cases (nominative, genitive, dative, accusative, ablative, locative, and vocative). The cases might make the process of learning a bit overwhelming at the beginning, but there's nothing to be afraid of.

- The Polish gender system is very different from the English one—since gender in Polish is grammatical, whereas it is biological in English. For instance, the Polish word *stół* [table] is masculine, *książka* [book] is feminine, and *jajko* [egg] is neutral.

- Polish is a highly inflectional language—it means that nouns, verbs, and other parts of speech can have different endings or prefixes, depending on the case, gender, number, tense, and other features.

- Due to the abundance of inflections, Polish sentences can be created in multiple ways. Unlike English, Polish does not require a fixed order (such as subject + verb + object). Although there are more popular patterns, you can place each word in a sentence randomly and it will be grammatically correct (of course, there are some minor exceptions).

- All Polish women's first names end with the vowel "a", except for the ones with foreign origin.

- Polish shares many grammatical and lexical features with the other Slavic languages, such as Czech or Slovak.

• Because of the influence of the inflectional system, Polish people add inflections to foreign names. For instance, you can notice different suffixes added to Harry Potter or Spiderman in different cases (like Harrego Pottera, Spidermana, Harremu Potterowi, Spidermanowi, etc.).

• There are only three grammatical tenses in Polish: past, future, and present. The rules of forming tenses are quite different, too, since tenses are created by adding a suffix or prefix in most cases.

• Polish people put a lot of stress on formal forms of address. It is highly advisable to address a person you don't know or your boss/teacher with a word, *Pan/Pani,* instead of just *you.* Addressing someone by using the *you* form in situations like a job interview or a formal meeting is considered rude.

Equipped with some knowledge about the Polish language and the process of fast and efficient reading, you are ready to start your language learning journey!

Chapter 1 – Rozmowa o pracę

[A job interview]

Był **mglisty**, zimny poranek. Patrząc na ulicę pełną ludzi spieszących się do pracy, Tomek wyobraził sobie swoją wymarzoną posadę. Siedział przy biurku na najwyższym piętrze wieżowca i popijał świeżą kawę...

It was a cold, foggy day. Looking at the street full of people rushing to their work, Tomek imagined his dream job. He was sitting at his desk and drinking freshly ground coffee...

Wtem, **światło na ulicy** zmieniło się na zielone. Tomek był już o krok od miejsca, w którym wyobrażał sobie swoją przyszłą pracę. Najpierw jednak, musiał przejść **rozmowę kwalifikacyjną**, która miała odbyć się równo za godzinę.

Suddenly, the traffic lights turned green. Tomek was really close to the place which he had imagined working in. Before all that, however, he had to pass the job interview, which was to begin in an hour.

Tomek był bardzo **zestresowany**. W ciągu ostatnich miesięcy był w sumie na dziesięciu rozmowach o pracę i za każdym razem słyszał to samo:

Tomek was really stressed out. All in all, he had attended ten job interviews in the last couple of months, and each time he had heard the same exact words:

"Odezwiemy się do Pana wkrótce."

"We will contact you soon."

Niestety, telefon Tomka milczał, a skrzynka e-mailowa pozostawała pusta. Tomek powoli stracił nadzieję na otrzymanie pracy. Tego dnia postanowił **dać z siebie wszystko** i zrobić jak najlepsze **wrażenie**. Nie miał już nic do stracenia. Wiedział, że jeśli nie dostanie tej pracy, będzie musiał wyprowadzić się do swoich rodziców na wieś.

Unfortunately, the telephone was silent, and the e-mail inbox was empty. Tomek was slowly losing hope. But that day he decided to give his best and make a good impression. After all, he had nothing to lose. He knew that if he didn't get this job, he would have had to move to his parents' house in the countryside.

Do spotkania z **rekruterem** zostało 45 minut. Tomek postanowił usiąść w firmowym bufecie na parterze, wypić espresso i zaplanować przebieg rozmowy. Im dłużej ćwiczył w myślach, tym bardziej się stresował. Pomimo tego, że wiedział co chce powiedzieć, uczucie zdenerwowania nie opuszczało go ani na chwilę. Tomek spojrzał na zegarek – Zostało już tylko pół godziny. Przez chwilę wpatrywał się jeszcze we **wskazówkę** zegara, która **zdawała się** przyspieszać z sekundy na sekundę.

The meeting with the recruiter was to begin in 45 minutes. Tomek decided to sit in the café on the first floor, have some espresso and plan the interview. The longer he practiced, the more stressed he felt. Although he knew what he was going to say, he couldn't get rid of huge discomfort. Tomek looked at his watch. He had only half an hour left. He was looking at the sweep hand that seemed to move faster and faster.

Tomek był tak zestresowany, że nawet nie zauważył, że bufet jest pełen ludzi. *Pewnie pracownicy mają przerwę,* pomyślał. W tej samej chwili do kawiarni weszła elegancko ubrana kobieta, trzymająca w ręku plik dokumentów. Zamówiła kawę i szybko **zorientowała się**, że przy żadnym ze stolików nie ma już miejsca. Rozglądając się po sali, zauważyła, że przy stoliku Tomka jest wolne miejsce.

Tomek was so stressed that he hadn't noticed that the café is full of people. *Perhaps the employees have a lunch break,* he thought. At the same moment, an elegantly dressed woman walked into the café. She was holding a couple of documents. She ordered some coffee and quickly realized that there hadn't been any seats left. Looking around, she saw one seat by Tomek's table.

"Cześć, jestem Karolina. Czy mogę się dosiąść?" zapytała.

"Hi, I'm Karolina. Can I sit here?" she asked.

"Pewnie. Zapraszam. Jestem Tomek."

"Sure, go ahead. I'm Tomek."

"Miło mi. Czy ty u nas pracujesz? Przychodzę tu na przerwę codziennie i widzę cię pierwszy raz."

"Nice to meet you. Do you work here? I have been coming here every day, but I have seen you for the first time."

Tomek przez moment nie wiedział co odpowiedzieć, ale w końcu postanowił powiedzieć prawdę: "Nie pracuję tutaj. Przyszedłem na rozmowę o pracę, która ma odbyć się za pół godziny."

Tomek didn't know what to say, but finally, he decided to tell her the truth: "I don't work here. I came here because I have a job interview that begins in 30 minutes."

Karolina była bardzo miłą osobą. Tomek dowiedział się, że pracuje w firmie już od kilku lat i bardzo lubi swoją pracę ponieważ spotyka w niej wielu ciekawych ludzi. Postanowił opowiedzieć jej o swoim życiu, o ukończeniu studiów i mieszkaniu w Warszawie. Pokazał jej nawet swoje CV, aby powiedziała mu czy ma jakieś **szanse** na dostanie pracy.

Karolina was a really nice person. Tomek found out that she had been working in the company for several years, and she really liked her job since she was meeting new people all the time. He decided to tell her a couple of things about his life, his university graduation, and living in Warsaw. He even showed her his CV so that she could tell him whether he had any chances of getting the job.

"Twoje CV wygląda naprawdę dobrze. Ukończyłeś najlepszy **uniwersytet** w mieście i na dodatek jesteś bardzo utalentowany. Nasza firma szuka ludzi takich jak ty. Mam nadzieję, że dostaniesz tę pracę," stwierdziła Karolina po obejrzeniu **życiorysu** Tomka.

"Your CV looks really cool. You graduated from the top university in the city, and you are so talented. Our company is looking for someone like you. I hope you'll get the job," she said after seeing his **résumé**.

"Byłem już w kilku firmach i za każdym razem mnie **chwalili**. Mimo wszystko, nadal jestem bez pracy. Co jest ze mną nie tak?" odpowiedział Tomek.

"I have visited several companies already, and each time they kept extolling my skills. Regardless, I'm still unemployed. What is wrong with me?" Tomek replied.

"Czasem twój talent i umiejętności potrzebują trochę szczęścia. Nie każdy umie dostrzec mocne strony drugiej osoby **na pierwszy rzut oka**. Czasem to stres **blokuje** naszą prezentację. Postaraj się zapomnieć o stresie. Będę trzymać za ciebie kciuki," dodała Karolina.

"Sometimes, your talent and skills need a little bit of luck. Not everyone can see the strong assets at first sight. Sometimes it's the stress that blocks us from presenting ourselves well. Try to forget about stress. I will keep my fingers crossed," Karolina said.

"Dzięki za wsparcie. Trzymaj się."

"Thanks for your support. Take care."

Po kilku chwilach Tomek zdał sobie sprawę, że rozmowa rozpoczyna się już za kilka minut. Nie chciał się spóźnić, dlatego wziął ostatni **łyk** espresso, schował dokumenty do teczki i pojechał windą na ostatnie piętro.

After a couple of minutes, Tomek realized that the interview started in a moment. He didn't want to be late, so he took the last sip of his espresso, put the documents in his briefcase, and took the elevator to the top floor.

Rozmowa z Karoliną **dodała mu otuchy**. Wiedział, że musi pokonać stres i pokazać się z jak najlepszej strony. Wtem zauważył pokój 505. Tak, to był ten pokój. Już za chwilę będzie w środku.

The conversation with Karolina made him uplifted. He knew that he had to beat stress and make a good impression. He saw the office 505. Yes, this was *the* office. He was about to go in.

*Jedna rozmowa dzieli mnie od mojej **wymarzonej pracy**. Nie mogę tego zepsuć*, pomyślał Tomek. I nagle..

One interview and I get the dream job. I can't ruin it, he thought. And suddenly...

"Pan Tomasz Kowalski. Zapraszamy na rozmowę. Proszę wejść."

"Mr Tomasz Kowalski. Please, come in."

To był ten moment. Tomek wiedział, że nie ma już **drogi ucieczki**. Wszedł do środka. Biuro było duże. Po środku siedziała sekretarka, a po prawej stronie znajdował się pokój, w którym Tomek miała być rozmowa. Tomek podał wszystkie dokumenty sekretarce i **nerwowo ściągnął** kurtkę.

This was his moment. Tomek knew that there wasn't a way of escape. He went in. The office was huge. In the middle, there was a secretary, and on the right, there was the office in which the interview was supposed to take place. Tomek handed the documents over to the secretary, and nervously took off his jacket.

"Pani Karolina czeka na Pana. Czy chciałby Pan napić się kawy?" zapytała **uprzejmie** sekretarka.

"Ms Karolina is waiting for you. Would you like to have some coffee?" the secretary asked politely.

"Nie dziękuję," odpowiedział Tomek szybko.

"No, thanks," Tomek replied quickly.

*Karolina? To musi być **zbieg okoliczności***, pomyślał i wszedł do pokoju 505. Po chwili nie mógł uwierzyć swoim oczom. Przy biurku siedziała kobieta, z którą pół godziny temu rozmawiał w kawiarni na parterze.

Karolina? This has to be a coincidence, he thought and entered office 505. After a second, he couldn't believe his eyes. The woman sitting at the desk was the same woman he talked to 30 minutes ago.

"Cześć Tomek. Zaskoczony?" powiedziała Karolina.

"Hi, Tomek! Surprised?" Karolina said.

"Cześć! Nie mogę uwierzyć, że to ty. Wiedziałaś?" zapytał.

"Hi! I can't believe it's you. Did you know?" he asked.

"**Miałam przeczucie** po tym jak pokazałeś mi swoje CV. Wtedy przypomniałam sobie, że takie samo wysłałeś do nas mailem tydzień temu." Odpowiedziała Karolina i dodała:

"I had a hunch. And after you showed me your CV, I knew. The moment I saw it, I recalled that you sent us the exact same thing a week ago," Karolina replied and added:

"Postanowiłam nic ci nie mówić. Chciałam zobaczyć twoją **zaskoczoną** minę."

"I decided not to tell you. I wanted to see your surprised face."

Tomek poczuł, że cały stres nagle go opuścił. Zanim zdążył cokolwiek powiedzieć, Karolina przerwała mu i dodała:

Tomek felt that all the stress was gone. Before he could say anything, Karolina broke in:

"Wszystkiego o tobie dowiedziałam się podczas naszej rozmowy w kawiarni. Nie muszę już nic więcej wiedzieć. Masz tę pracę."

"I learned everything about you during our conversation in the café. I don't have to know anything else. You just got the job."

Tomek nie wierzył w to co usłyszał. Był bardzo szczęśliwy. Dostał pracę, o której marzył, a na dodatek poznał bardzo miłą osobę.

Tomek couldn't believe his ears. He was really happy. He got his dream job and, what is more, he met an amazing person.

"Jutro o 8:00 rozpoczynasz pracę, ale przyjdź na 7:30," powiedziała Karolina.

"You start tomorrow at 8 AM but come at 7:30," Karolina said.

"Dlaczego?" zapytał Tomek.

"Why?" asked Tomek.

"Spotkamy się w kawiarni i przygotuję cię na pierwszy dzień pracy. Opowiem ci o naszej firmie i pokażę ci nasz budynek," odpowiedziała.

"We will meet at the café, and I will prepare you for your first day. I will tell you a couple of things about the company and show you the entire building," she replied.

"Brzmi świetnie! Zatem, do zobaczenia jutro!"

"Sounds great! See you tomorrow then!"

Tomek wyszedł z biura Karoliny z uśmiechem na twarzy. Jego marzenie się spełniło. Na dodatek, zyskał nowego przyjaciela. Po chwili przypomniał sobie słowa Karoliny:

Tomek walked out of Karolina's office with a big smile on his face. His dream just came true. In addition, he just met a new friend. After a while, he recalled Karolina's words:

"Czasem twój talent i umiejętności potrzebują trochę szczęścia."

"Sometimes your talent and your skills need a little bit of luck."

To był jego szczęśliwy dzień. Po dziesięciu rozmowach dostał to, o czym marzył na studiach. Zdał sobie sprawę z tego, że nie można **poddawać się** zbyt szybko i trzeba w siebie wierzyć. Jeśli masz talent, wiedzę i umiejętności, prędzej czy później zostaniesz **doceniony**. Pożegnał się z sekretarką. Wiedział, że ma przed sobą wspaniałą karierę i przyjaźń ze wspaniałą osobą.

This was his lucky day. After attending ten interviews, he finally got what he dreamed about in his university days. He realized that you can't give up too fast, and you have to believe in yourself. If you have talent, skills, and knowledge, they will be appreciated sooner or later. He said goodbye to the secretary. He knew that he had a wonderful career and friendship right ahead.

Streszczenie

Tomek był bardzo zdenerwowany, ponieważ po studiach nie mógł znaleźć pracy. Tego dnia postanowił pójść na ostatnią rozmowę o pracę. Przed rozmową Tomek postanowił pójść do kawiarni, aby się przygotować. Kawiarnia była pełna ludzi i nie było wolnych stolików. Po chwili do kawiarni weszła kobieta—Karolina. Usiadła z Tomkiem. Tomek dowiedział się, że Karolina pracowała w firmie, w której on chciał pracować. Karolina obejrzała jego CV i pożegnała się z nim. Po wejściu do biura gdzie miała odbyć się rozmowa Tomek zauważył Karolinę. Okazało się, że to ona była rekruterem. Tomek dostał pracę. Kobieta i mężczyzna zostali przyjaciółmi.

Summary

Tomek was really nervous because he couldn't find a job after graduating from university. One day he decided to go to the last job interview. Before the interview, Tomek decided to go to a café to prepare. The café was full of people, and there weren't any tables left. After a while, a woman came into the café—Karolina. She decided to take a seat next to Tomek's. Tomek learned that she was working in the company that he wanted to work in. Karolina looked at his résumé and said goodbye to him. After entering the office where the interview was supposed to take place, Tomek saw Karolina. It turned out that she was the recruiter. Tomek got the job. The woman and the man became friends with each other.

Vocabulary

Mglisty – foggy

Światło na ulicy – traffic light

Zestresowany – stressed

Rozmowa kwalifikacyjna – a job interview

Dać z siebie wszystko – to give one's best

Zdawać się – to seem

Wskazówka – a sweep hand

Zorientować się – to realize

Szanse – chances

Uniwersytet – university

Życiorys – résumé/CV

Chwalić – to extoll

Na pierwszy rzut oka – at a first glance

Blokować – to block

Łyk – a sip

Dodać otuchy – to make somebody uplifted

Wymarzona praca – a dream job

Droga ucieczki – a way of escape

Nerwowo – nervously

Uprzejmie – politely

Zbieg okoliczności – a coincidence

Mieć przeczucie – to have a hunch

Zaskoczony – surprised

Poddawać się – to give up

Doceniony – appreciated

Pytania

1. Jak miała na imię kobieta, którą Tomek poznał w kawiarnii?

2. Dlaczego kobieta usiadła obok Tomka?

3. Dlaczego Tomek postanowił przyjść wcześniej na rozmowę i usiąść w kawiarnii?

4. Czy Tomek dostał pracę?

5. Dlaczego kobieta nie powiedział Tomkowi w kawiarni, że to ona była rekruterem?

6. Dlaczego Karolina kazała Tomkowi przyjść wcześniej do pracy kolejnego dnia?

a) Żeby pokazać mu budynek

b) Żeby mógł wyjść wcześniej

c) Żeby skserować jego życiorys

7. Czy Karolinie podobało się CV Tomka?

a) Tak

b) Nie

8. Gdzie mieszkał Tomek?

a) w Warszawie

b) w Poznaniu

c) w Krakowie

9. Jak nazywał się Tomek?

a) Kowalski

b) Nowak

c) Lewandowski

10. Jaki numer miał pokój, w którym Tomek był na rozmowie o pracę?

a) 123

b) 505

c) 303

Questions

1. What was the name of the woman who Tomek met in the café?

2. Why did the woman take a seat next to Tomek?

3. Why did Tomek decide to come earlier and sit at the café before the interview?

4. Did Tomek get the job?

5. Why didn't the woman tell Tomek that she was the recruiter?

6. Why did Karolina want Tomek to come earlier to work the next day?

a) She wanted to show him the building

b) She wanted him to leave earlier

c) She wanted to copy his résumé

7. Did Karolina like Tomek's résumé?

a) Yes

b) No

8. Where did Tomek live?

a) In Warsaw

b) In Poznan

c) In Cracow

9. What was Tomek's last name?

a) Nowak

b) Kowalski

c) Lewandowski

10. What was the number of the office where Tomek had the interview?

a) 123

b) 303

c) 505

Odpowiedzi

1. Karolina

2. Nie było wolnych miejsc przy innych stołach

3. Chciał przygotować się na rozmowę

4. Tak

5. Chciała zobaczyć jego zaskoczoną minę

6. a

7. a

8. a

9. b

10. c

Answers

1. Karolina

2. There weren't any seats left by the other tables

3. He wanted to prepare himself for the interview

4. Yes

5. She wanted to see his surprised face

6. a

7. a

8. a

9. b

10. c

Chapter 2 – Włosy warte miliony [Million-dollar hair]

Sylwia była zwykłą nastolatką. Mieszkała **na przedmieściach** z rodzicami, chodziła do szkoły, miała kilku przyjaciół. Było jednak coś, co odróżniało ją od reszty znajomych ze szkoły—długie, piękne włosy, które **odrastały** bardzo szybko.

Sylvia was a normal teenage girl. She lived in the suburbs with her parents, she was going to school, and she had a few friends. But there was something that made her special—long, beautiful hair that grew really fast.

Po każdej wizycie u fryzjera włosy odrastały **gwałtownie** w ciągu kilku miesięcy. Piękny blond sprawiał, że Sylwia **wyróżniała się** w tłumie. Pomimo tego, że dziewczyna kochała swoje włosy, były one dla niej codziennym utrapieniem. Mycie, suszenie, czesanie—wszystko zajmowało bardzo dużo czasu i wymagało wiele pracy. Nawet zrobienie najprostszej fryzury zdawało się **trwać wieczność**.

After each hairdressing appointment, her hair grew out rapidly within a couple of months. A beautiful blonde color made Sylvia stand out. Although the girl loved her hair, she had faced many struggles because of it. Washing, drying, brushing—everything had taken much time and required a lot of effort. Even making a simple hairstyle seemed to last endlessly.

Pewnego dnia, po powrocie ze szkoły Sylwia spięła włosy w **kok** i zaczęła jeść obiad. Chciała go zjeść jak najszybciej, ponieważ za godzinę miała przyjść do niej przyjaciółka na wspólną naukę do testu z angielskiego. Tymczasem, do domu weszła mama. Sylwia spojrzała na nią i już wiedziała, że coś jest nie tak.

One day, after coming back from school, Sylvia made a simple bun and started to eat her dinner. She wanted to eat it quickly because she was meeting her friend to study with her for an English test in an hour. Meanwhile, her mother came in. Sylvia looked at her, and she knew that something was wrong.

"Hej, Mamo! Co się stało? Wyglądasz dziwnie," zapytała.

"Hi, Mom! What happened? You look different," she asked.

"Cześć, kochanie. Właśnie zwolnili mnie z pracy," odpowiedziała Mama.

"Hi, honey. I have just lost my job," Mom answered.

"Ale... jak? Co zamierzasz zrobić?" Sylwia **wpadła w panikę**. Jej mama zarabiała dobrze. Dzięki jej pracy Sylwia dostawała kieszonkowe i jeździła na obozy wakacyjne.

"But... how? What are you gonna do?" Sylvia panicked. Her mom had had a pretty good salary. Thanks to her job, Sylvia had been receiving pocket money and had been taking part in summer camps.

"Spodziewałam się tego już od jakiegoś czasu. W firmie nie jest dobrze. Przez jakiś czas będziemy musieli **ograniczyć wydatki**. Dopóki nie znajdę nowej pracy będziemy żyć z **pensji** Taty," odpowiedziała Mama.

"I expected this to happen. The company doesn't do well. We have to cut our expenses for a while. We will make a living by Dad's salary until I find a new job," Mom replied.

Sylwia już znała odpowiedź, ale spytała:

Sylvia already knew the answer, yet she asked:

"Czy to oznacza, że nie pojadę w tym roku na obóz?"

"Does this mean that I won't go to the camp this year?"

"Obawiam się że tak, kochanie. Przepraszam."

"I'm afraid so, honey. I'm sorry."

Sylwia była załamana. Cały rok czekała na ten obóz. Chciała znów spotkać się ze swoimi przyjaciółmi, przeżywać przygody i odwiedzać nowe miejsca. Niestety, wiedziała również, że pensja taty nie wystarczy na pokrycie **codziennych wydatków** i wyjazdu.

Sylvia was heartbroken. She had been waiting for the camp for the entire year. She wanted to meet her friends again, experience new adventures, and discover new places. Unfortunately, she knew that her dad's salary was not enough to cover daily expenses and the cost of her camp.

Sylwia szła do swojego pokoju, gdy nagle zadzwonił dzwonek. Przez tę smutną wiadomość całkiem zapomniała o spotkaniu z Anią. Przecież miały się razem uczyć do jutrzejszego testu.

Sylvia was walking into her room when the doorbell rang. Due to the sad news, she had completely forgotten about the meeting with Ania. They wanted to study for tomorrow's test.

"Wyglądasz jakoś dziwnie. Nie możesz skupić się na nauce. Wszystko ok?" zapytała Ania.

" You look different. You can't focus on studying. Is everything okay?" Ania asked.

"Nie jadę w tym roku na obóz. Rodzice nie mają pieniędzy. Mama właśnie straciła pracę," odpowiedziała Sylwia.

"I'm not going to the camp this year. My parents don't have the money. My mom has just lost her job," Sylvia replied.

"Ojej. Przykro mi. Wiesz... Może mogłabyś sama uzbierać te pieniądze?" zasugerowała Ania.

"Oh. I'm sorry for you. You know... maybe you could save the money on your own?" Ania suggested.

"Ale jak? Przecież nie mogę iść do pracy, a sprzedanie kilku ciuchów nic nie da. Potrzebuję kilku tysięcy złotych."

"But how? I can't go to work, and selling a few clothes won't work either. I need several thousand zlotys."

"Wiesz.. widziałam ostatnio ogłoszenie w Internecie. Pewien luksusowy **salon fryzjerski** płaci za ścięcie włosów. Pewnie chcą robić z nich **doczepki**. Szukają włosów takich jak twoje i płacą kilka tysięcy!"

"Well... I saw recently an ad on the Internet. One luxurious hair salon wants to pay for cutting and giving them your hair. Probably they want to make hair extensions. They're looking for hair like yours and they want to pay thousands!"

Sylwia nie mogła uwierzyć własnym uszom. Po spotkaniu za Anią postanowiła jak najszybciej zadzwonić do salonu i umówić się na ścięcie włosów. Fryzjer zaproponował jej pięć tysięcy złotych! Taka kwota z pewnością wystarczyłaby na obóz. Sylwia nie zastanawiała się długo.

Sylvia couldn't believe her ears. After the meeting with Ania, she decided to call the hair salon and make an appointment. The hairdresser offered five thousand zlotys! Such a sum of money would definitely cover the cost of the camp. Sylvia didn't give it a second thought.

Następnego dnia Sylwia postanowiła powiedzieć Ani o rozmowie z fryzjerem.

The next day, Sylvia decided to tell Ania about the conversation with the hairdresser.

"Nie uwierzysz! Umówiłam się na wizytę w tym luksusowym salonie. W przyszłym tygodniu ścinam włosy! Pieniądze dostanę od razu."

"You won't believe! I made an appointment in the luxurious hair salon. Next week I'm having my hair cut! I will get the money straight away."

" A co na to twoi rodzice? Zgodzili się?" zapytała Ania.

"But what about your parents? Did they agree?" Ania asked.

" Powiedzieli tylko, że powinnam ściąć włosy, jeśli mnie to uszczęśliwi," odpowiedziała Sylwia.

"They only said that I should cut my hair if it makes me happy," Sylvia replied.

" Świetnie. Widziałaś ogłoszenie? Dziś idziemy całą klasą na wycieczkę. Odwiedzamy dzieci chore na **raka** w szpitalu, aby zanieść im książki i zabawki. Ja oddaję mój zestaw **przyborów do majsterkowania.**"

"Cool. Have you seen the announcement? Today we're going on a short trip with our class. We're visiting children in the hospital that suffer from cancer to give them books and toys. I'm going to give them my DIY tools."

Sylwia całkiem zapomniała. Była tak **pochłonięta** ścięciem włosów, że zapomniała przygotować jakikolwiek prezent. W ostatniej chwili przypomniała sobie, że ma w plecaku książkę, którą skończyła czytać w zeszłym tygodniu. Postanowiła ją oddać.

Sylvia completely forgot about the trip. She was so preoccupied with her hair that she forgot about preparing any present. At the last moment, she recalled that she had a book that she had finished reading last week. She decided to give it as a gift.

Po kilku chwilach klasa Sylwii dotarła na miejsce. Uczniowie przekazali prezenty dzieciom i wysłuchali kilku faktów na temat szpitala.

After a while, Sylvia's class arrived at the hospital. The students gave their gifts and listened to a short history of the hospital.

Podczas wspólnego spędzania czasu z młodymi pacjentami Sylwia zauważyła małą dziewczynkę. Miała na głowie kolorową **chustkę**, która od razu zwróciła uwagę Sylwii.

During the time together with the young patients, Sylvia noticed a small girl. She was wearing a colorful headscarf that drew Sylvia's attention.

" Hej. Jestem Sylwia. Masz na głowie piękną chustę."

"Hi. I'm Sylvia. You're wearing a beautiful headscarf."

"Cześć! Jestem Kasia. Dziękuję. Noszę ją, bo chcę zakryć to czego najbardziej się wstydzę."

"Hi! I'm Kasia. Thanks. I'm wearing it because I want to cover something I'm ashamed of."

" Co masz na myśli?" spytała Sylwia.

"What do you mean?" Sylvia asked.

" Choroba odebrała mi włosy. Kiedyś miałam piękne blond włosy, takie jak ty. Niestety po kilku **zabiegach** wszystkie włosy mi wypadły. Od tego czasu nie patrzę w lustro"

"The illness took away my hair. I used to have blonde, beautiful hair, same as yours. Unfortunately, I lost it after a few treatments. I haven't looked in the mirror since then."

Sylwia była zszokowana. Wyobraziła sobie siebie bez włosów, patrzącą w lustro. Postanowiła podarować Kasi książkę, którą wzięła ze sobą.

Sylvia was shocked. She imagined herself without hair, looking in the mirror. She decided to give Kasia the book she took with herself to the hospital.

" Dziękuję. Kocham tę serię!" powiedziała Kasia.

"Thanks. I love this series," Kasia said.

Po wyjściu ze szpitala Sylwia wiedziała, że książka nie uczyni Kasi szczęśliwą na długo. Całe popołudnie myślała o Kasi i jej włosach.

After leaving the hospital Sylvia knew that the book wouldn't make Kasia happy for so long. She was thinking about Kasia and her hair the whole afternoon.

W końcu nadszedł dzień ścięcia włosów. Sylwia była trochę **poddenerwowana.** Była ciekawa jak wygląda w nowej fryzurze.

Finally, the cutting day came. Sylvia was a little bit nervous. She wanted to know how she looked with the new hairstyle.

"Jesteś gotowa?" zapytał fryzjer.

"Are you ready?" the hairdresser asked.

"Tak!", krzyknęła Sylwia.

"Yes!" Sylvia exclaimed.

Nowa fryzura wyglądała świetnie. Sylwia była z siebie dumna.

The new hairstyle looked amazing. Sylvia was proud of herself.

"Mam pytanie. Czy mogłabym zatrzymać włosy?" spytała Sylwia.

"I have a question. Can I keep my hair?" Sylvia asked.

"Ale...dlaczego? Przecież zapłacimy ci za nie kilka tysięcy." Fryzjer był bardzo zaskoczony.

"But... why? We're going to pay you thousands," the hairdresser was surprised.

" Chciałabym je komuś podarować. Komuś, kto potrzebuje ich bardziej niż **modelki**," odpowiedziała Sylwia.

"I'd like to give it to someone. Someone who needs it more than models," Sylvia replied.

"Hmm... W takim razie weź je. Są przecież twoje."

"Well... Take it then. It's yours."

Sylwia wzięła swoje włosy i od razu pojechała do szpitala. Postanowiła zanieść je do **fundacji**, która zajmuje się robieniem **peruk** dla pacjentów. Nie dostała za nie ani grosza, ale satysfakcja była ogromna.

Sylvia took her hair with her and went to the hospital immediately. She decided to donate it to the charity that makes wigs for cancer patients. She didn't get a penny, yet the feeling of satisfaction she had was huge.

Kilka dni później Sylwia postanowiła odwiedzić Kasię i przynieść jej kolejną książkę. Kiedy Kasia wyszła na korytarz, Sylwia nie mogła uwierzyć własnym oczom. Kasia miała piękne blond włosy! Wyglądała przepięknie. Sylwia była pewna, że podarowanie Kasi nowych włosów było ważniejsze niż obóz. Dziewczyny zaprzyjaźniły się, a Sylwia odwiedzała Kasię codziennie w szpitalu.

After a couple of days, Sylvia decided to visit Kasia and give her another book. When Kasia showed up, Sylvia couldn't believe her eyes. Kasia had beautiful, blonde hair! She looked amazing. Sylvia was sure that giving Kasia new hair was way better than taking part in the summer camp. The girls made really good friends with each other and Sylvia was visiting Kasia in the hospital every day.

Streszczenie

Sylwia była normalną nastolatką. Było jednak coś, co ją wyróżniało - jej piękne długie blond włosy. Pewnego dnia Sylwia wróciła do domu i dowiedziała się, że jej mama straciła pracę. Sylwia była załamana, ponieważ jej mama dobrze zarabiała. Okazało się że przez stratę pracy przez jej mamę Sylwia nie będzie mogła jechać na letni obóz. Sylwię odwiedziła jej najlepsza koleżanka Ania. Sylwia powiedziała jej o tym, że nie pojedzie na obóz. Ania zasugerowała Sylwii ścięcie włosów i sprzedanie ich do luksusowego salonu fryzjerskiego. Sylwia postanowiła to zrobić. Następnego dnia Sylwia powiedziała Ani w szkole, że umówiła się na wizytę. Tego samego dnia klasa Sylwii udała się na odwiedziny do szpitala. Sylwia spotkała tam Kasię - dziewczynkę, która miała raka i nie miała włosów. Dziewczyny zaprzyjaźniły się. Podczas wizyty w salonie fryzjerskim Sylwia zdecydowała się zatrzymać swoje włosy. Postanowiła oddać je do szpitala. Pewnego dnia Sylwia odwiedziła Kasię w szpitalu i zobaczyła, że Kasia miała perukę zrobioną z jej włosów.

Summary

Sylvia was a normal teenage girl. There was something that made her special—her beautiful, long, blonde hair. One day, Sylvia got back home, and her mom told her that she'd lost her job. Sylvia couldn't take part in a summer camp because her mom had lost the job, and the family didn't have enough money. Sylvia was visited by her best friend, Ania. Sylvia told her about the fact that she couldn't go to the summer camp. Ania suggested Sylvia have her hair cut and sell it to a luxurious hair salon. Sylvia decided to do that. The next day, Sylvia told Ania that she had already made a hairdressing appointment. At the same time, Sylvia's class went to a local hospital. Sylvia met Kasia— a girl who had been suffering from cancer and had lost her hair. The girls made friends with each other. During the hairdressing appointment, Sylvia decided to keep her hair. She decided to donate it to the hospital. One day, Sylvia visited Kasia in the hospital, and she saw that the girl was wearing a wig made of Sylvia's hair.

Vocabulary:

Na przedmieściach – in the suburbs

Odrastać – to grow

Gwałtownie – rapidly

Wyróżniać się – to stand out

Trwać wieczność – to last endlessly

Kok – a bun

Wpaść w panikę – to panic

Ograniczyć wydatki – to cut expenses

Pensja – a salary

Codzienne wydatki – daily expenses

Salon fryzjerski – a hair salon

Doczepki – hair extensions

Rak – cancer

Przybory do majsterkowania – DIY tools

Pochłonięty – preoccupied

Chusta – a headscarf

Zabieg – a treatment

Poddenerwowana – nervous

Modelki – models

Fundacja – a charity

Peruka – a wig

Pytania

1. Jak miała na imię przyjaciółka Sylwii ze szkoły?

2. Na co nie było stać Sylwię?

3. Co postanowiła sprzedać Sylwia, aby zarobić pieniądze?

4. Kogo odwiedziła klasa Sylwii?

5. Z kim zaprzyjaźniła się Sylwia w szpitalu?

6. Co zrobiła Sylwia z włosami?

a) Podarowała do szpitala

b) Sprzedała je modelkom

c) Postanowiła ich nie obcinać

7. Jaki prezent dla chorych dzieci postanowiła dać Ania?

a) Książki

b) Narzędzia do majsterkowania

c) Ubrania

8. Co nosiła na głowie Kasia przed otrzymaniem peruki?

a) Czapkę

b) Chustę

c) Kapelusz

9. Dlaczego Kasia nie miała włosów?

a) Straciła je po zabiegu

b) Postanowiła je obciąć

c) Oddała je komuś

Questions

1. What was the name of Sylvia's friend from school?
2. What couldn't Sylvia afford to do?
3. What did Sylvia decide to sell to get the money?
4. Who did Sylvia's class visit?
5. Who did Sylvia make friends with at the hospital?
6. What did Sylvia do with her hair?

a) She donated it to the hospital

b) He sold it to the models

c) She decided not to have it cut

7. What gift did Ania decide to give to the ill children?

a) Books

b) DIY tools

c) Clothes

8. What did Kasia wear before getting a wig?

a) A cap

b) A headscarf

c) A hat

9. Why did Kasia have no hair?

a) She lost it after the treatment

b) She decided to cut it

c) She gave it to someone else

Odpowiedzi

1. Ania

2. Obóz letni

3. Jej włosy

4. Dzieci chore na raka

5. Kasia

6. a

7. b

8. b

9. a

Answers

1. Ania

2. A summer camp

3. Her hair

4. Children that suffered from cancer

5. Kasia

6. a

7. b

8. b

9. a

Chapter 3 – Dobro zawsze powraca [The good always returns]

Gdy Robert w końcu wyszedł z biura, było już bardzo późno. **Spotkanie** z klientem przedłużyło się, ale było tego warte—firma Roberta właśnie podpisała nowy **kontrakt.** Robert nie mógł się doczekać powrotu do domu i kolacji ze swoją żoną. W końcu, było co świętować. Firma radziła sobie bardzo dobrze, a Robert sprawdzał się świetnie jako szef.

It was really late when Robert finally left his office. The meeting with his client took longer than expected, but it was worth it—Robert's company had signed a new contract. Robert was looking forward to coming home and eating dinner with his wife. After all, he wanted to celebrate. His company had been doing very well, and Robert had been a great boss.

Tego wieczora Robert postanowił **pójść pieszo.** Wiedział, że zajmie mu to pół godziny dłużej, ale chciał pozostać przez chwilę **sam na sam** ze swoimi myślami. Widział przed sobą wspaniałą karierę i sukces swojej firmy.

That evening Robert decided to go on foot. He knew that it would take half an hour longer, but he wanted to be left alone with his thoughts for a while. He had a great career and a successful company in front of him.

Przechodząc przez park Robert zauważył człowieka siedzącego na **ławce**. Mężczyzna wyglądał na **załamanego**. Twarz miał schowaną w dłoniach, a **teczka** z papierami leżała otwarta. Robert nie zastanawiał się dłużej – postanowił z nim porozmawiać.

While walking through the park, Robert noticed a man that was sitting on a bench. The man looked broken. He had his face covered with his hands, and his open briefcase lay on the ground. Robert decided to speak to him.

"Przepraszam, wszystko ok? Potrzebuje Pan pomocy?" spytał Robert.

"Excuse me, is everything okay? Do you need help?" Robert asked.

" Dziękuję, nie. Jestem Paweł. I właśnie straciłem wszystko," odpowiedział mężczyzna.

"No, thanks. I'm Paul. And I've just lost everything," the man said.

Robert nie wiedział co powiedzieć. Jego żona czekała już w domu, więc spieszył się, ale postanowił pomóc.

Robert didn't know what to say. His wife had already been waiting for him so he was in a rush, yet he decided to help the man.

"Co się stało?" spytał.

"What happened?" he asked.

"Jestem, a właściwie byłem **szefem** wspaniałej firmy. Niestety, tydzień temu straciliśmy najważniejszego klienta z powodu poważnej **kłótni**. Potem kolejni klienci zaczęli odchodzić... Dziś odszedł od nas ostatni klient. Firma została **rozwiązana**."

"I am, and actually, I was a CEO of an amazing company. Unfortunately, we lost the most important client last week because of a serious argument. After that, the other clients started to leave us. Today, we lost the last client. Our company has been dissolved."

"Przykro mi. Mam nadzieję, że dasz sobie radę," powiedział Robert.

"I'm sorry. I hope you'll figure something out," Robert said.

"Nie mam ani grosza. Zabrali mi **mieszkanie**. Zabrali nawet mój samochód. Miałem straszne **długi**. Wygląda na to, że będę musiał spędzić noc w parku," odpowiedział Paweł.

"I don't have a penny to my name. They took my apartment. They even took my car. I had huge debts. It seems that I have to spend the night in the park," Paul said.

Robert bardzo **współczuł** nowo poznanemu mężczyźnie. Wiedział jak trudno jest się utrzymać **na szczycie**. Jednego dnia jesteś najlepszy, a kolejnego możesz stracić wszystko. Robert postanowił pomóc.

Robert felt really sorry for the newly met man. He knew how difficult it was to stay on top. One day you are the best, and one day you may lose everything. He decided to help Paul.

"Proszę. Weź te pieniądze. Powinno wystarczyć na tydzień w hotelu i jedzenie. Mam nadzieję, że przez ten czas rozwiążesz chociaż **część** swoich problemów. Masz tutaj mój numer telefonu. Jeśli będziesz w tarapatach, zadzwoń do mnie. Postaram się tobie pomóc."

"Please, take the money. It should be enough for you to book a room in a hotel for a week and buy some food. I hope you'll figure something out in the meantime. Here you have my phone number. If you have any problems, call me. I'll try to help you."

"Dziękuję! Uratowałeś mi życie. Jestem ci winien przysługę," powiedział Paweł.

"Thanks! You saved my life. I owe you a favor," Paul said.

Robert ucieszył się. Wiedział, że taka mała rzecz pomoże Pawłowi **stanąć na nogi**.

Robert was happy. He knew that even such a small thing could help Paul get back on his feet.

"Nie ma za co. Na szczycie nie jest łatwo. Czasem wygrywasz, czasem przegrywasz. Nie poddawaj się. Na pewno coś wykombinujesz," dodał Robert.

"My pleasure. It's always tough at the top. Sometimes you win, sometimes you lose. Don't give up. You'll figure something out," Robert added.

"Dziękuję! Trzymaj się!"

"Thanks! Take care!"

Robert pożegnał się z Pawłem i całą drogę rozmyślał o jego sytuacji. Przypomniał sobie jak zaczynał.

Robert said goodbye to Paul, but he was thinking about his situation all the way home.

Mijały miesiące, a firma Robert świętował kolejne sukcesy. Firma przynosiła ogromne **zyski.** Jednak, od tamtego wieczora w parku Robert nie otrzymał żadnej wiadomości od Pawła. Podejrzewał, że poradził sobie i nie potrzebował już więcej jego pomocy.

Months went by, and Robert celebrated another success. The company made a really good profit. However, Robert hadn't received any message from Paul since that evening. He thought that Paweł did well and didn't need his help any longer.

Pewnego dnia Robert otrzymał telefon od bardzo ważnego klienta:

One day Robert got a call from a very important client:

"Robert, musimy się spotkać i omówić naszą dalszą współpracę."

"Robert, we need to meet and discuss our business."

Robert był zaskoczony, ponieważ sytuacja w firmie była naprawdę dobra. Mimo wszystko, postanowił spotkać się z klientem.

Robert was surprised because the situation in his company was great. Regardless, he decided to meet with his client.

"Dobrze. Spotkajmy się o dwudziestej w restauracji."

"Okay. Let's meet at 8 PM in the restaurant."

Po spotkaniu Robert był **zdruzgotany.** W głowie słyszał tylko słowa klienta:

After the meeting, Robert was devastated. He only heard his client's words:

"Przykro mi. Konkurencja dała nam lepsze **warunki**. Obawiam się, że to koniec naszej współpracy."

"I'm sorry. Your competitors gave us better terms. I'm afraid it's the end of our partnership."

Spodziewał się prawdziwej lawiny. Wiedział, że strata tego klienta sprawi, że inni klienci również zerwą współpracę. Robert obawiał się, że firma wkrótce **upadnie**.

Robert expected a real disaster. He knew that losing this client would make other clients leave his company. Robert was afraid that his company would collapse.

Tak też się stało. W ciągu miesiąca odeszło 90 procent klientów, więc Robert został zmuszony do odejścia. Jego sukces zakończył się **w mgnieniu oka.**

Indeed, all these things happened. Within a month, 90 percent of the clients left, so Robert was forced to back off. His success ended in the blink of an eye.

Kilka dni po zamknięciu firmy Robert załamał się. Nie miał pieniędzy, aby zacząć od nowa, a długi ciągle rosły. Pewnego wieczora otrzymał dziwną wiadomość od **nieznanego** numeru telefonicznego:

After a couple of days, Robert got depressed. He didn't have enough money to start over, and his debt grew really quickly. But one day he got a strange message from an unknown phone number:

"Cześć. Spotkajmy się w parku o dwudziestej pierwszej."

"Hi. Let's meet in the park at 9 PM."

Robert w pierwszej chwili pomyślał, że to jakiś żart. Stwierdził, że zostanie w mieszkaniu. Jednak, po chwili postanowił sprawdzić kim była ta tajemnicza osoba, która chciała się z nim spotkać.

Robert thought that it was a joke. He decided to stay at home. But, after a while, he decided to check who this mysterious person was.

Kiedy Robert przyszedł na miejsce zauważył **elegancko ubranego** mężczyznę siedzącego na ławce. Przyjrzał mu się z oddali. Mężczyzna wyglądał **znajomo...**

When Robert came to the park, he noticed an elegantly dressed man who was sitting on the bench. He looked at him. The man looked familiar...

Robert już wiedział. Zanim zdążył cokolwiek powiedzieć, mężczyzna odezwał się:

Robert already knew. Before he said anything, the man said:

"Cześć, Robert! **Kopę lat!** Przepraszam, że nie odezwałem się do ciebie. Moje życie zmieniło się **całkowicie.**"

"Hi, Robert! It's been ages! I'm sorry I haven't contacted you. My life has changed drastically."

"Paweł. Wow, nie poznałem cię w pierwszej chwili. Co cię tu sprowadza?" spytał Robert.

"Paul. Wow, I didn't recognize you at a first glance. What brings you here?" Robert asked.

"Przeczytałem ostatnio w **gazecie,** że twoja firma upadła. Naprawdę przykro mi z tego powodu," odpowiedział Paweł.

"I've read recently in the newspaper that your company collapsed. I'm really sorry," Paul explained.

Robert poczuł, że ogarnia go wstyd. To on pomógł Pawłowi kilka miesięcy temu, a teraz on sam nie ma ani grosza.

Robert felt really embarrassed. He helped Paul a few months ago, and at this moment, he didn't have a penny to his name.

"Wiesz... dużo myślałem o tamtym wieczorze. Gdyby nie ty, nie **pozbierałbym się.** Kiedy zobaczyłem wiadomość w gazecie postanowiłem, ze muszę coś z tym zrobić. Ktoś taki jak ty nie zasługuje na taki **bałagan,**" kontynuował Paweł.

"You know... I've been thinking a lot about that night. But for you, I wouldn't have got myself together. When I saw the info in the newspaper, I decided to do something about it. Someone like you doesn't deserve this mess," Paul continued.

Robert był zaskoczony.

Robert was shocked.

"Jak możesz mi pomóc?" zapytał.

"How can you help me?" he asked.

"Chciałbym, abyś był moim **wspólnikiem.** Przez tamten tydzień udało mi się rozwiązać moje problemy. Moja firma ponownie stanęła na nogi. Koniec końców, wciąż jestem ci winien **przysługę**," odpowiedział Paweł.

"I'd like you to become my partner. During that week, I dealt with my problems. My company bounced back. After all, I still owe you a favor," Paul replied.

Robert nie wiedział co powiedzieć. Zdał sobie sprawę z tego, że jego problemy mogły zniknąć.

Robert didn't know what to say. He realized that his problems could disappear.

"Nie wiem co powiedzieć," odpowiedział Robert.

"I don't know what to say," Robert said.

"Nie mów nic. Przyjdź do mojej firmy jutro rano. Omówimy szczegóły współpracy," odpowiedział Paweł.

"You don't have to. Come to my office tomorrow morning. We'll discuss the details of our partnership," Paul said.

"Dziękuję. Uratowałeś mi życie," dodał Robert.

"Thank you. You saved my life," Robert added.

"Tak jak ty uratowałeś moje. Dobro zawsze powraca."

"Just as you saved mine once. The good always returns."

Streszczenie

Robert był świetnym biznesmenem. Tego dnia udało mu się podpisać ważny kontrakt i postanowił świętować wraz ze swoją żoną. Po wyjściu z biura postanowił pójść na spacer do parku. Kiedy spacerował zauważył w parku mężczyznę, który siedział na ławce. Twarz miał schowaną w dłoniach, a dokumenty leżały na ziemi. Robert podszedł do mężczyzny i postanowił mu pomóc. Okazało się, że tamten mężczyzna miał na imię Paweł i właśnie stracił swoją firmę. Miał długi i wszystko mu zabrali. Robert dał Pawłowi pieniądze aby ten mógł zatrzymać się w hotelu i kupić sobie coś do jedzenia. Od tamtej chwili nie miał kontaktu z Pawłem. Po jakimś czasie firma Roberta straciła ważnego klienta. Po tym zdarzeniu firma Roberta upadła. Robert był załamany. Pewnego dnia dostał wiadomość od nieznanej osoby. Chciała się z nim spotkać w parku. Okazało się że tą osobą był Paweł. Postanowił pomóc Robertowi. Chciał, aby Robert był jego wspólnikiem. Od tamtej pory mężczyźni zostali przyjaciółmi.

Summary

Robert was a great businessman. One day he managed to sign an important contract, and he decided to celebrate with his wife. After leaving his office, he decided to take a walk in the park. While he was walking, he saw a man who was sitting on a bench. He had his face covered with his hands. Some of his documents were lying on the ground. Robert decided to help the man. It turned out that the man, whose name was Paul, had just lost his company. He had huge debts, and everything was taken from him. Robert gave Paul some money so that he could stay at a hotel and buy some food. Since that moment, Robert didn't receive any message from Paul. After some time, Robert's company lost a huge client. Due to that situation, Robert's company collapsed. Robert was devastated. One day he got a text message from an unknown person. The person wanted to meet Robert in the park. It turned out that it was Paul. He decided to help Robert. He wanted Robert to become his business partner. The men made friends with each other.

Vocabulary

Spotkanie – a meeting

Kontrakt – a contract

Pójść pieszo – to go on foot

Sam na sam – alone

Ławka – a bench

Załamany – broken

Teczka – a briefcase

Szef – a CEO (boss)

Kłótnia – an argument

Rozwiązany – dissolved

Mieszkanie – an apartment

Długi – debts

Na szczycie – at the top

Stanąć na nogi – to get back on one's feet

Zyski – profit

Zdruzgotany – devastated

Warunki – terms

Upaść – to collapse

W mgnieniu oka – in the blink of an eye

Nieznany – unknown

Elegancko ubrany – dressed elegantly

Znajomo – familiar

Całkowicie – drastically

Kopę lat! – It's been ages!

Gazeta – a newspaper

Pozbierać się – to get oneself together

Bałagan – mess

Wspólnik – a business partner

Przysługa – a favor

Pytania

1. Co Adam zamierzał zrobić po powrocie do domu?

2. Dlaczego Robert postanowił pójść pieszo?

3. Gdzie Robert spotkał Pawła po raz pierwszy?

4. Dlaczego Paweł nie miał pieniędzy?

5. W jaki sposób Robert pomógł Pawłowi?

6. Gdzie spędził noc Paweł po otrzymaniu pieniędzy od Roberta?

a) w domu Roberta

b) w firmie Roberta

c) w hotelu

7. Dlaczego firma Roberta upadła?

a) Robert prowadził nielegalne interesy

b) Robert stracił klientów

c) Robert nie roszczył się o nią

8. W jaki sposób Paweł pomógł Robertowi?

a) chciał by Robert był jego wspólnikiem

b) dał mu pieniądze

c) kupił firmę Roberta

9. W jaki sposób Paweł dowiedział się o kłopotach Roberta?

a) przeczytał w Internecie

b) od żony Roberta

c) przeczytał w gazecie

Questions

1. What was Robert going to do after going back home?

2. Why did Robert decide to go on foot?

3. Where did Robert meet Paul for the first time?

4. Why did Paul have no money?

5. How did Robert help Paul?

6. Where did Paul spend the night after getting some money from Robert?

a) At Robert's house

b) At Robert's company

c) At a hotel

7. Why did Robert's company collapse?

a) Robert's business was illegal

b) Robert lost his clients

c) Robert didn't care enough about the company

8. How did Paul help Robert?

a) He wanted Robert to become his business partner

b) He gave Robert some money

c) He bought Robert's company

9. How did Paul find out about Robert's problems?

a) He read about it on the Internet

b) From Robert's wife

c) He read about it in the newspaper

Odpowiedzi

1. Świętować z żoną

2. Aby pozostać sam na sam ze swoimi myślami

3. W parku

4. Stracił firmę i miał długi

5. Dał mu pieniądze

6. c

7. b

8. a

9. c

Answers

1. He wanted co celebrate with his wife

2. He wanted to be alone with his thoughts

3. In the park

4. He lost his company and he had debts

5. He gave him some money

6. c

7. b

8. a

9. c

Chapter 4 – Praktyka czyni mistrza [Practice makes perfect]

Ten dzień wreszcie nadszedł. Adam czekał na niego ostatnich kilka lat. Kiedy wszedł do **sali**, ujrzał wszystkich studentów, **wykładowców** i **rektora uczelni**. Rozejrzał się i zobaczył swoich znajomych.

That day finally came. Adam had been waiting for it for the past few years. When he came into the hall, he saw all the students, lecturers, and the college president. He looked around and noticed his friends.

"Adam. Gdzie byłeś? Wszyscy czekają na ciebie. To nasz wielki dzień," spytała jedna z koleżanek.

"Adam. Where have you been? Everybody's waiting for you. It's our big day," one of his friends asked.

Adam był zdenerwowany. Za chwilę miał ukończyć **szkołę muzyczną** i odebrać swój **dyplom**. Był jednym z najlepszych **gitarzystów** na uczelni, ale wiedział że czeka go jeszcze długa droga. Wtem, usłyszał swoje imię i nazwisko:

Adam was nervous. He was to graduate from the music academy and get his diploma in a moment. He was one of the best guitarists, but he knew he would have a long way to go. Suddenly, he heard his name:

"Adam Nowak!"

Dyplom był już w jego rękach. Po zejściu ze sceny **odetchnął z ulgą**. Spoglądając na dokument zdał sobie sprawę z tego, że to już koniec. Od tej chwili będzie musiał radzić sobie sam. Będzie polegał tylko na sobie. Wiedział, że będzie musiał **systematycznie** ćwiczyć, aby dojść do perfekcji. Wiedział też, że będzie tęsknił za swoim ulubionym nauczycielem, panem Zalewskim.

He had his diploma in his hands. After walking down the stage, he could breathe easily. Looking at the diploma, he realized that this was the end. Since that moment, he would have to be on his own. He would have to rely only on himself. He knew that he had to practice regularly in order to reach perfection. He also knew that he would miss his favorite teacher, Mr. Zalewski.

Pan Zalewski był najstarszym nauczycielem na uniwersytecie muzycznym. Wiedział wszystko o każdym instrumencie – był **lutnikiem**. Niektórzy uczniowie twierdzili, że pan Zalewski był dziwny, lecz Adam bardzo go lubił. Uwielbiał chodzić na jego zajęcia, ponieważ pan Zalewski opowiadał z pasją. Po prostu, kochał to, co robił.

Mr. Zalewski was the oldest teacher at the academy. He knew everything about instruments—he was a luthier. Some students thought Mr. Zalewski was weird, but Adam liked him so much. He had enjoyed his classes since Mr. Zalewski was really passionate. He simply loved his job.

Po ceremonii ukończenia Adam postanowił pójść do **gabinetu** profesora i pożegnać się z nim. Kiedy wszedł, zobaczył swojego nauczyciela naprawiającego gitarę. Instrument był cudowny. Adam pierwszy raz w swoim życiu widział takie arcydzieło.

After the graduation ceremony, Adam decided to go to the professor's office and say goodbye to him. When he entered, he saw his teacher fixing a guitar. The instrument was beautiful. Adam had never seen such a masterpiece before.

"Dzień dobry, Panie Zalewski. Przyszedłem się pożegnać. Chciałbym podziękować za te wspaniałe cztery lata. Będę za panem **tęsknił**," powiedział Adam.

"Good afternoon, Mr. Zalewski. I'm going to say goodbye. I'd like to thank you for these amazing four years. I'll miss you," Adam said.

"O, mój ulubiony uczeń, Adam! Siadaj, proszę. Czy chciałbyś napić się kawy? Ten ostatni raz," zasugerował profesor.

"Oh, my favorite student, Adam! Sit down, please. Would you like some tea? Just for the last time," the professor suggested.

"Z przyjemnością!"

"I'd love to!"

Podczas gdy profesor przyrządzał kawę, Adam **nie mógł oderwać wzroku** od gitary.

When the professor was making coffee, Adam couldn't take his eyes off the guitar.

"Prawdziwe arcydzieło. Pochodzi z lat 30 dwudziestego wieku. Właśnie skończyłem ją naprawiać. Podarował mi ją pewien bogaty człowiek," powiedział profesor i dodał,

"Such a masterpiece. It's from the 30s. I've just finished repairing. It was given to me by a really rich man," said the professor and added:

"Byłeś najbardziej utalentowanym studentem, Adamie. Jestem z ciebie dumny. Chciałbym, abyś wziął tę gitarę. Ja jest jem już zbyt stary, aby grać. Moje palce nie chcą współpracować."

"You've been the most talented student, Adam. I'm really proud of you. I'd like you to keep this guitar. I'm too old to play. My fingers don't listen to me."

Adam był zaskoczony. Gitara wyglądała pięknie, ale nie był pewny czy powinien wziąć tak drogi instrument.

Adam was surprised. The guitar looked amazing, but he wasn't sure whether he should take such an expensive instrument.

"Dziękuję, profesorze, ale nie wiem czy powinienem..." odpowiedział Adam.

"Thanks, professor, but I'm not sure I should take it..." Adam said.

"Proszę. Masz wielki talent. Pamiętaj jednak, że talent jest niczym bez praktyki."

"Please. You have a great talent. But remember that talent means nothing without regular practice."

"Co Pan ma na myśli?" zapytał Adam.

"What do you mean?" Adam asked.

"Może wydać ci się to dziwne, może nie uwierzysz.. nieważne. Dostałem tę gitarę od pewnego bogatego muzyka. Był jednym z najlepszych gitarzystów na całym świecie. Gdy spytałem go o jego **umiejętności,** odpowiedział mi, że gitara posiada **specyficzne właściwości.**"

"Maybe you think it's weird, maybe you won't even believe it... nevermind. This guitar was given to me by a really rich musician. He was one of the greatest guitarists in the world. When I asked him about his skill, he said that the guitar has some special properties."

"Jakie właściwości?" Adam był zmieszany.

"What properties?" Adam was confused.

"Osoba, która zacznie na niej grać stanie się najlepszym muzykiem na świecie. Gra nie będzie wymagać wysiłku i ćwiczeń. Spróbuj."

"The person who plays it becomes the best musician in the world. Playing this guitar requires no effort and practice. Try it."

Adam nie wierzył w to, co mówił profesor, ale postanowił spróbować. Po chwili grał jak prawdziwy **profesjonalista!**

Adam didn't believe his professor, yet he decided to try. After a while, he played like a professionalist.

Jak to jest możliwe profesorze? Dopiero ukończyłem szkołę. Potrzeba wielu lat praktyki, aby tak grać," zapytał Adam.

"How is this even possible, professor? I just finished at the academy. It takes years of practice to play like this," Adam asked.

"Istnieją na świecie rzeczy, których nie da się **racjonalnie** wyjaśnić," powiedział pan Zalewski i dodał,

"There are things that you can't explain rationally," said Mr. Zalewski and added,

"Niestety, to nie będzie trwało wiecznie. Gitara straci swoje właściwości po upływie 5 lat od tej chwili. Do tego czasu powinieneś ćwiczyć i ciężko pracować, aby utrzymać swój sukces."

"Unfortunately, it's not going to last forever. The guitar will have its special properties until 5 years from now have gone by. You have to practice and work hard to maintain your success after these 5 years."

Adam podziękował profesorowi za prezent i pożegnał się z nim. Miał przed sobą wspaniałą karierę muzyka. Wychodząc z budynku uniwersytetu miał w głowie słowa profesora:

Adam thanked the professor for the gift and said goodbye. He had great career as a musician ahead. When he was leaving the building, he heard his professor's words in his head:

"Pamiętaj, praktyka, nie talent uczyni z ciebie mistrza. Ćwicz codziennie."

"Remember, talent means nothing without regular practice. Practice every day."

Adam postanowił **rozwinąć swoją karierę** jak najszybciej. Koncertował w **klubach muzycznych**, współpracował ze znanymi muzykami, a nawet nagrał swoją **płytę**. Nigdy nie rozstawał się ze swoją gitarą. Zabierał ją na każdy koncert, na każde nagranie i na każde wydarzenie. Za każdym razem tłumaczył, że gitara jest częścią jego **wizerunku** i nie chce grać na żadnej innej.

Adam decided to develop his career as soon as possible. He performed in many music clubs with some well-known musicians. He even released his own record. He always kept a close eye on his guitar. He took it to every concert, every recording, and every event. Each time he explained that the guitar was a part of his image, and he didn't want to play any other guitar.

Po roku Adam stał się najpopularniejszym gitarzystą w kraju. Jego **trasa koncertowa** obejmowała wszystkie największe miasta. Jego występy robiły ogromne wrażenie. Wracając do domu, jednak, Adam **odkładał** gitarę **na bok**. Stwierdził, że jego talent mu wystarczy.

After a year, Adam became the most popular guitarist in the country. His concert tour included all the biggest cities. His performances were outstanding. However, every time Adam got back home, he put aside his guitar. He thought that his talent was enough.

"To jest **niemożliwe**. Przecież pamiętam wszystkie nuty, chwyty. **Nie ma opcji,** abym zapomniał jak się gra na gitarze po upływie tych 5 lat."

"It's impossible. I remember every note, every chord. There's no way I could ever forget how to play the guitar. Even after these 5 years."

Pewnego dnia Adam otrzymał telefon. Nie mógł uwierzyć w to co usłyszał:

One day, Adam got a call. He couldn't believe what he heard:

"Dzień dobry Panie Nowak. Chcielibyśmy, aby zagrał pan koncert w **filharmonii narodowej**. Czy chciałby pan zagrać?"

"Good morning, Mr. Nowak. We'd like you to play a concert at the National philharmonic. Would you like to play?"

Adam nie wiedział co powiedzieć. To było spełnienie marzeń każdego muzyka! Koncert w filharmonii narodowej był najważniejszą nagrodą.

Adam didn't know what to say. It was a dream come true for every musician! The concert at the National Philharmonic was the best prize he could ever win.

Adam był tak **podekscytowany,** że nie mógł powiedzieć ani słowa. Jedyne co udało musie powiedzieć to, "O... o... oczywiście!"

Adam was so excited that he couldn't say a word. He could only say, "O... of... of course!"

Dzień koncertu w filharmonii w końcu nadszedł. Adam siedział w **garderobie i poprawiał swój wygląd**, gdy nagle przypomniał sobie, że dokładnie pięć lat temu ukończył szkołę. Przypomniał sobie swoich znajomych, ceremonię ukończenia i... profesora Zalewskiego.

The day of the concert finally came. Adam was sitting in the dressing room and trying to smarten himself up when he suddenly recalled that he graduated from the music academy exactly five years ago. He remembered his friends, the graduation ceremony and... Professor Zalewski.

Wtem, Adam usłyszał w głowie słowa:

Suddenly, Adam heard a voice in his head:

"Pamiętaj, praktyka, nie talent uczyni z ciebie mistrza. Ćwicz codziennie."

"Remember, talent means nothing without regular practice. Practice every day."

Był zdenerwowany. Za chwilę miał zagrać najważniejszy koncert w swoim życiu.

He was nervous. He was about to give the most important concert of his life.

To nie może być prawda, pomyślał i postanowił zagrać piosenki. Styl gry był ten sam. Pamiętał każdy utwór.

This can't be true, he thought and he decided to play some songs. The style was the same. He remembered each song.

Profesor był troszeczkę dziwny, pomyślał.

The professor was kinda weird, he thought.

W tej samej chwili usłyszał publiczność i **oklaski**. Tak, to był ten moment. Wyszedł na scenę i momentalnie **oślepił go** blask świateł. Po chwili spojrzał na publiczność. Sala była wypełniona po brzegi. W pierwszym rzędzie siedziała jego rodzina, znajomi oraz... pan Zalewski.

At the same moment, he heard the audience clapping. Yes, it was that moment. He entered the stage, and the lights blinded him. After a few seconds, he looked at the audience. The hall was crowded. In the first row, he noticed some familiar faces. There was his family, his friends and... Mr. Zalewski.

Adam usiadł na krześle, położył nuty i zaczął grać. Zagrał utwór ze swojej płyty. Po zagraniu ostatniej nuty Adam spojrzał na publiczność.

Nikt nie klaskał. Wszyscy **zamarli**. Po chwili Adam dostrzegł profesora i jego wyraz twarzy. Adam nie mógł w to uwierzyć. Nie usłyszał nawet, że nie umiał już grać.

Adam sat down, placed the note sheets, and started to play. He played a song from his record. Shortly after playing the last note, Adam looked at the audience. No one was clapping. Everyone just froze. Adam looked at the professor, and he noticed the expression on his face. Adam couldn't believe it. He hadn't heard that he couldn't play anymore.

Nie wiedział co ma robić. Spanikował. Odłożył gitarę i uciekł do garderoby. Nie mógł uwierzyć w to co wydarzyło się na scenie. Po chwili usłyszał pukanie do drzwi. To był profesor.

He didn't know what to do. He panicked. He put the guitar aside and escaped to the backstage. He couldn't believe what happened on the stage. After a while, he heard someone knocking at the door.

"Nie ćwiczyłeś prawda?" powiedział profesor.

"You didn't practice, did you?" the professor said.

Adam **przytaknął**.

Adam nodded.

"Za późno. Gitara straciła swoje właściwości, a ty nie ćwiczyłeś przez pięć lat. Musisz zacząć od nowa."

"It's too late. The guitar lost its properties and you didn't practice during these five years. You have to start over."

Adam był zrozpaczony. Jego kariera właśnie **legła w gruzach**. Zapomniał o słowach profesora. Zdał sobie sprawę, że bez wysiłku nie można osiągnąć sukcesu.

Adam was devastated. His career had just collapsed. He had forgotten about the professor's words. He realized that he couldn't be successful without making an effort.

"Przepraszam, profesorze," odpowiedział Adam i dodał, „Powinienem był wiedzieć że praktyka czyni mistrza."

"I'm sorry, professor," Adam said and added, "I should have known that practice makes perfect."

Od tej chwili Adam zaczął ćwiczyć codziennie. Nigdy nie doszedł już do tak wysokiego poziomu, ale powrócił do grania w klubach muzycznych.

Since that moment, Adam started to practice every day. He couldn't reach the highest level, but he eventually got back to performing in music clubs.

Streszczenie

Adam był bardzo utalentowanym studentem. Po ceremonii ukończenia studiów postanowił odwiedzić swojego ulubionego profesora—pana Zalewskiego—w jego biurze. Po wejściu do pokoju pana Zalewskiego Adam zauważył piękną gitarę. Pan Zalewski powiedział Adamowi, że jest to specjalna gitara. Ten który na niej gra nie musi ćwiczyć i staje się najlepszym muzykiem na świecie. Po rozmowie pan Zalewski podarował Adamowi gitarę. Powiedział mu jednak, że gitara zachowa swoje specjalne właściwości tylko przez pięć lat. Do tego czasu Adam musi ciężko pracować i dużo ćwiczyć. Adam nie posłuchał profesora. Stał się najlepszym muzykiem w kraju I grał koncerty. Został poproszony aby zagrać koncert w filharmonii narodowej. Przed koncertem Adam zorientował się, że dokładnie pięć lat temu otrzymał gitarę. Zlekceważył to jednak. Podczas koncertu okazało się, że Adam nie umiał grać. Uciekł ze sceny. Po nieudanym koncercie pan Zalewski przyszedł do garderoby Adama. Był rozczarowany. Powiedział Adamowi, że ma ćwiczyć. Adam nauczył się grać poprzez praktykę.

Summary

Adam was a really gifted student. After the graduation ceremony, he decided to visit his favorite professor—Mr. Zalewski—in his office. After entering Mr. Zalewski's office, Adam noticed a beautiful guitar. Mr. Zalewski told Adam that it was a special guitar. The one who played it could become the best musician in the world and didn't have to practice. After the conversation, Mr. Zalewski gave Adam the guitar as a gift. He told him that the guitar would keep its special features for only five years, so Adam had to practice a lot and work hard anyway.

Adam didn't listen to the professor. He became the best musician in the country and gave a lot of performances. He was asked to give a concert at the National Philharmonic. Before the concert, Adam realized that exactly five years earlier he got the guitar. However, he didn't care. During the concert, it turned out that Adam couldn't play any longer. He escaped from the stage. After an unsuccessful concert, Adam was visited by Mr. Zalewski. The professor was disappointed. He told Adam that he had to practice. Adam learned how to play again through practice.

Vocabulary

Sala – a hall

Wykładowca – a lecturer

Rektor uczelni – a college president

Dyplom – a diploma

Gitarzysta – a guitarist

Odetchnąć z ulgą – to breathe easily

Systematycznie – regularly

Lutnik – a luthier

Gabinet – an office

Tęsknić – to miss

Nie móc oderwać wzroku – you can't take your eyes off something

Umiejętności – skills

Specyficzne właściwości – special properties

Profesjonalista – professionalist

Racjonalnie – rationally

Rozwinąć swoją karierę – to develop one's career

Klub muzyczny – a music club

Płyta – a record

Wizerunek – an image

Trasa koncertowa – a concert tour

Odkładać na bok – set aside

Niemożliwe – impossible

Nie ma opcji – there's no way

Filharmonia narodowa – National Philharmonic

Podekscytowany – excited

Garderoba – backstage

Poprawiać swój wygląd – to smarten oneself up

Oklaski – clapping

Oślepić – to blind

Zamierać – to freeze

Przytaknąć – to nod

Legnąć w gruzach – to collapse

Pytania

1. Kto był ulubionym profesorem Adama?

2. Gdzie poszedł Adam zaraz po ceremonii ukończenia studiów?

3. Co zobaczył Adam zaraz po wejściu do gabinetu profesora?

4. Jaki instrument otrzymał Adam?

5. Jakie specyficzne właściwości posiadała gitara?

6. Co odkrył Adam przed koncertem w filharmonii?

a) Zapomiał zabrać swojej gitary

b) Gitara straciła swoje właściwości

c) Profesora Zalewskiego nie było na sali

7. Co stało się podczas koncertu w filharmonii?

a) Adam nie umiał już pięknie grać

b) Gitara nagle się zepsuła

c) Nikt nie przyszedł na koncert

8. Kto przyszedł do garderoby Adama po nieudanym koncercie?

a) Pan Zalewski

b) Dziewczyna Adama

c) Rodzice Adama

9. Czy Adam zaczął ćwiczyć po nieudanym koncercie?

a) Tak

b) Nie

Questions

1. Who was Adam's favorite professor?

2. Where did Adam go right after the graduation ceremony?

3. What did Adam notice after entering the professor's office?

4. What instrument did Adam get?

5. What special properties did the guitar have?

6. What did Adam discover right before the concert at the Philharmonic?

a) That he had forgotten to take his guitar

b) That the guitar had lost its properties

c) That Mr. Zalewski wasn't inside the Philharmonic

7. What happened at the concert?

a) Adam couldn't play brilliantly any longer

b) The guitar suddenly broke down

c) No one came to the concert

8. What did come to Adam backstage after the unsuccessful concert?

a) Mr. Zalewski

b) Adam's girlfriend

c) Adam's parents

9. Did Adam start to practice after the concert?

a) Yes

b) No

Odpowiedzi

1. Pan Zalewski

2. Do gabinetu profesora Zalewskiego

3. Gitarę

4. Gitarę

5. Ten kto na niej grał zostawał najlepszym muzykiem na świecie i nie musiał ćwiczyć

6. b

7. a

8. a

9. a

Answers

1. Mr. Zalewski

2. To Mr. Zalewski's office

3. A guitar

4. A guitar

5. The one who played it would become the best musician in the world and he\she didn't have to practice

6. b

7. a

8. a

9. a

Chapter 5 – Zaskakujące odkrycie [A suprising discovery]

"Przepraszam. **Nie stać nas na to**" - Joanna miała już dość tych słów. Za każdym razem gdy dzieci lub mąż prosili ją o zakup czegoś, musiała je wypowiedzieć. Rodzina Joanny nie była bogata.

"I'm sorry. We can't afford it" - Joanna was tired of these words. Every time her children had asked her to buy something, she had to tell them. Joanna's family wasn't rich.

Piotr, jej mąż, był zawodowym **kierowcą**. Niestety dwa lata temu stracił swoją pracę z powodu **wypadku**, który spowodował. Od tamtego momentu nie mógł znaleźć pracy. Co więcej, stracił również **prawo jazdy.**

Piotr, her husband, was a professional driver. Unfortunately, two years ago, he lost his job due to an accident he'd caused.

Joanna pracowała jako **sprzątaczka**. Czasem musiała brać **dodatkowe godziny**, aby móc zapłacić **rachunki i czynsz.** Razem z córkami i mężem mieszkała w małym mieszkaniu w Warszawie. Pewnego dnia wraz z rachunkami otrzymała pewien **list.**

Joanna was a cleaning lady. Sometimes she had to work extra hours to pay the bills and rent. She lived in a small apartment in

Warsaw together with her husband and her daughters. One day, she got a letter, along with some bills to pay.

"Mamo, co to jest?" spytała Ania, młodsza córka.

"Mom, what is this?" Ania, her younger daughter, asked.

"To z policji. Boję się otworzyć," odpowiedziała Joanna.

"It's from the police. I'm scared," Joanna replied.

Po chwili Joanna **była w rozsypce**. W liście była informacja o tym, że Joanna **przekroczyła prędkość** i musi zapłacić **mandat**. W **kopercie** było również zdjęcie z **fotoradaru**.

After a while, Joanna was devastated. The letter said that Joanna had exceeded the speed limit and had to pay a speeding ticket. There was also a photo taken by the speed camera inside the envelope.

Joanna wiedziała co to oznacza. Jej rodzina **ledwo wiązała koniec z końcem**, więc zapłacenie 500 zł było dla niej niewykonalne.

Joanna knew what it meant. Her family had struggled to make ends meet, so paying 500 zloty was impossible.

"Będziemy musieli **wziąć pożyczkę**," stwierdził Piotr i dodał „Nie ma innego wyjścia."

"We have to take a bank loan," Piotr said and added, "There's no other way."

Po chwili Joanna zauważyła, że pod stertą kopert jest jeszcze jeden list. Była przerażona.

After a while, Joanna noticed that there was another letter at the bottom of the pile. She got scared.

"Jeśli to jest kolejny mandat lub rachunek, nie wiem co zrobimy," powiedziała.

"If that's another ticket or bill, I don't know what we're going to do," she said.

"Spokojnie. Jeszcze nie wiemy co to jest. Otwórz," uspokoił ją Piotr.

"Easy. We don't know yet. Open it," Piotr tried to calm her.

List był kolejnym **pismem z urzędu**. Czytając tekst, Joanna nie mogła uwierzyć własnym oczom.

It was another official letter. While reading the text, Joanna couldn't believe her eyes.

"I co? I co? Co tam jest?" Piotr i dziewczyny nie mogły się doczekać odpowiedzi.

"What's in there?" Piotr and the girls couldn't wait to know the answer.

"Tutaj jest napisane, że ciocia Helena **zmarła** tydzień temu. Dziwne. Nie miałam z nią kontaktu od dzieciństwa. Miałam pięć lat kiedy wyprowadziła się z Warszawy do Krakowa. Moi rodzice też nie spotykali się z nią," powiedziała Joanna i dodała,

"It says that Aunt Helen died a week ago. That's weird. We haven't been in contact since I was a child. I was five when she moved from Warsaw to Cracow. My parents weren't in contact with her either," Joanna said and added,

"Ciocia mieszkała małym mieszkaniu w Krakowie. W liście jest napisane, że ciocia chciała, abym posprzątała jej mieszkanie i zabrała jej rzeczy, ponieważ właściciel chce je **wynająć** komuś innemu. Mam 30 dni."

"Auntie lived in a small apartment in Cracow. The letter says that she wanted me to clean her apartment and take her stuff since the landlord has to rent it to someone else. I have 30 days."

"Kolejny problem! Co my mamy zrobić z jej rzeczami? Nie możemy zabrać ich do Warszawy; nie mamy miejsca w naszym mieszkaniu," wykrzyknął Piotr.

"Another problem! What are we going to do with her stuff? We can't take it to Warsaw; we don't have enough space in our apartment," Piotr exclaimed.

Joanna nie wiedziała co zrobić. **Miała zbyt dużo na głowie** i zbyt mało pieniędzy, aby zająć się rzeczami ciotki. Pamiętała, ciotka była prawdziwym **zbieraczem** – lubiła **antyki, porcelanę** oraz **obrazy**. W jej mieszkaniu nigdy nie było miejsca. Koniec końców, Joanna postanowiła pojechać wraz z rodziną do Krakowa, aby zająć się rzeczami ciotki.

Joanna didn't know what to do. She had a lot on her plate and almost no money. She couldn't take care of her aunt's stuff. She had a memory of her aunt being a real hoarder—she loved antiques, porcelain, and paintings. She had never had enough space in her apartment. Eventually, Joanna decided to go with her family to Cracow to take care of her aunt's stuff.

Po długiej podróży rodzina w końcu dotarła na miejsce. **Właściciel** mieszkania przekazał Joannie **klucz** i wprowadził całą rodzinę do domu ciotki. Joanna nie mogła uwierzyć w to co zobaczyła.

After a long journey, the family finally reached the destination. The landlord gave Joanna the keys and showed them the apartment. Joanna couldn't believe what she saw.

"Co za bałagan!" wykrzyknęły dziewczyny.

"What a mess!" the girls exclaimed.

Mieszkanie było okropne. **Ściany** były pełne obrazów, półek wypełnionych **figurkami** i książkami, a na podłodze leżały kolorowe **dywany.**

The apartment looked terrible. The walls were covered with paintings, the shelves were full of figurines, and the floor was covered with colorful carpets.

"Co my z tym wszystkim zrobimy?" powiedział Piotr.

"What are we going to do with all this stuff?" said Piotr.

Joanna była załamana. Nie miała pieniędzy na kupienie **magazynu.**

Joanna was broken. She didn't have enough money to buy storage space.

"Musimy się pozbyć tego wszystkiego szybko. Nie mamy czasu. Właściciel powiedział, że mamy tylko 30 dni," powiedziała Joanna.

"We have to get rid of all this stuff quickly. We don't have much time. The landlord said that we have only 30 days," Joanna said.

Rodzina postanowiła zabrać książki, obrazy i figurki i sprzedać je w **antykwariacie.**

The family decided to take books, paintings, and some figurines to sell them at the antique shop.

Po kliku chwilach Joanna ujrzała bardzo dziwny obraz. Pamiętała go kiedy w dzieciństwie odwiedzała ciotkę Helenę. Pamiętała jak ciotka mówiła, że został namalowany przez sławnego artystę.

After a while, Joanna noticed a really weird painting. She remembered it. It was there when she visited her aunt in her childhood. She remembered that it had been painted by a famous artist.

"Poczekajcie. Pamiętam ten obraz. Weźmy go do antykwariatu. Muszę wiedzieć czy jest coś wart," powiedziała Joanna.

"Wait. I remember this painting. Let's take it to the antique shop too. I need to know whether it's worth some money," Joanna said.

Po kilku godzinach Joanna wraz z rodziną skończyli sprzątanie. Mieszkanie wyglądało lepiej, ale wciąż było w nim wiele rzeczy.

After a few hours, Joanna and her family finished cleaning. The apartment looked much better, but there was still too much stuff in it.

"Przyjedziemy za kilka dni. Nie możemy zabrać wszystkiego dzisiaj," powiedział Piotr.

"We'll get back in a few days. We can't take everything today," Piotr said.

Po powrocie do Warszawy Joanna nie mogła przestać myśleć o obrazie, który pamiętała z dzieciństwa. Był naprawdę dziwny – przedstawiał białe **kropki** na czarnym **tle**. Wyglądał okropnie, ale Joanna pamiętała, że był to najważniejszy obraz dla jej ciotki.

After returning to Warsaw, Joanna couldn't stop thinking about the painting that she remembered from her childhood. It was really weird. It showed white dots on the black background. It looked terrible, but Joanna remembered that it had been the most important painting in her aunt's collection.

Następnego dnia Joanna postanowiła udać się do antykwariatu. Gdy pokazała **płótno**, pracownik był zaskoczony.

The next day, Joanna decided to go to the antique shop. When she showed the painting, the dealer got shocked.

"Skąd pani to ma?" zapytał.

"Where did you get this?" he asked.

"To był obraz mojej ciotki. Zmarła tydzień temu," odpowiedziała Joanna.

"It was my aunt's. She died a week ago," Joanna replied.

Pracownik antykwariatu uważnie przyglądał się obrazowi. Joanna była już bardzo **zmieszana**.

The dealer looked at the painting carefully. Joanna was really confused.

"Czy on jest coś wart?" spytała.

"Is it valuable?" she asked.

"Ten obraz to prawdziwe dzieło sztuki. To **autentyk!** Dostanie Pani za niego milion złotych!"

"This painting is a real masterpiece. It's authentic. You'll get a million zlotys for it!"

Joanna nie mogła uwierzyć własnym uszom. Obraz, który tak **nienawidziła** w dzieciństwie mógł rozwiązać jej **problemy finansowe**.

Joanna couldn't believe her ears. The painting that she hated in her childhood could now solve her financial problems.

Kilka dni później Joanna sprzedała obraz za dwa miliony do Muzeum Narodowego. Rodzina postanowiła kupić mieszkanie ciotki Heleny i zachować część rzeczy, która tam pozostała.

After a few days, Joanna sold the painting for two million zlotys to the National Museum.

" Ciotka Helena była prawdziwym **koneserem**. A ja myślałam, że była zwykłym zbieraczem," powiedziała Joanna.

"Aunt Helen was a real connoisseur. And I thought that she was a hoarder," Joanna said.

Od momentu sprzedaży obrazu Joanna nie musiała martwić się o pieniądze. W końcu nie musiała odpowiadać „Przepraszam. Nie stać nas na to."

Since selling the painting, Joanna didn't have to worry about money. She finally didn't have to say "I'm sorry. We can't afford it."

Streszczenie

Joanna wraz z rodziną mieszkała w Warszawie. Byli biedni. Pewnego dnia Joanna otrzymała list. Okazało się, że Joanna przekroczyła limit prędkości i dostała mandat. Joanna była załamana. Nie stać ją było na kolejny niespodziewany wydatek. Po chwili Joanna zauważyła, że pod stosem dokumentów był jeszcze jeden list. Było w nim napisane, że ciotka Joanny zmarła I chciała, aby Joanna posprzątała jej mieszkanie i zabrała jej rzeczy. Joanna z rodziną pojechała do Krakowa, aby zająć się rzeczami ciotki. Podczas sprzątania Joanna zauważyła dziwny obraz. Postanowiła go zabrać do antykwariatu. W antykwariacie Joanna dowiedziała się, że obraz jest wart dużo pieniędzy. Joanna postanowiła go sprzedać. Jej rodzina w końcu nie była biedna.

Summary

Joanna lived in Warsaw with her family. Her family was poor. One day, Joanna got a letter. It said that Joanna had exceeded the speed limit and she'd got a speeding ticket. Joanna was broken. She couldn't afford another unexpected expense. After a while, Joanna saw another letter. It said that her aunt had passed away. The aunt wanted Joanna to clean her apartment and take care of her stuff. Joanna and her family went to Cracow to take care of the aunt's stuff. During the cleaning, Joanna noticed a strange painting. She decided to take the painting to an antique shop. In the antique shop, Joanna learned that the painting was worth a lot of money. She decided to sell it. Her family wasn't poor anymore.

Vocabulary

Nie stać nas na to – we can't afford it

Kierowca – a driver

Wypadek – an accident

Prawo jazdy – a driving licence

Sprzątaczka – a cleaning lady

Dodatkowe godziny – extra hours
Rachunki i czynsz – bills and rent
List – a letter
Być w rozsypce – to be devastated
Przekroczyć prędkość – to exceed the speed limit
Ledwo wiązać koniec z końcem – to struggle to make ends meet
Wziąć pożyczkę – to take a bank loan
Pismo z urzędu – an official letter
Umrzeć – to die
Wynająć – to rent
Mieć zbyt dużo na głowie – to have a lot on one's plate
Zbieracz – a hoarder
Antyki – antiques
Porcelana – porcelain
Obrazy – paintings
Właściciel mieszkania – a landlord
Klucz – a key
Ściany – walls
Figurki – figurines
Dywany – carpets
Magazyn – storage
Antykwariat – an antique shop
Kropki – dots
Tło – background
Płótno – a painting
Zmieszany – confused
Autentyk – authentic
Nienawidzić – to hate
Problem finansowe – financial problems
Koneser – a connoisseur
Pytania
1. Kim z zawodu był mąż Joanny?
2. Dlaczego mąż Joanny stracił pracę?

3. Dlaczego Joanna musiała zapłacić mandat?

4. Co było w drugim liście?

5. Dlaczego Joanna musiała jechać do Krakowa z rodziną?

6. Dlaczego Joanna musiała posprzątać mieszkanie i zabrać rzeczy swojej ciotki?

a) Ponieważ właściciel chciał wynająć mieszkanie komuś innemu

b) Ponieważ wszystkie rzeczy były bardzo cenne

c) Ponieważ rzeczy były zniszczone

7. Co Joanna postanowiła zabrać do antykwariatu?

a) Krzesło

b) Dywan

c) Obraz

8. Czy obraz był wartościowy?

a) Tak

b) Nie

9. Co zrobiła Joanna z obrazem?

a) Oddała go za darmo

b) Powiesiła go na ścianie w swoim domu

c) Sprzedała go

Questions

1. What was the profession of Joanna's husband?

2. Why did Joanna's husband lose his job?

3. Why did Joanna have to pay for the ticket?

4. What was the second letter about?

5. Why did Joanna and her family have to go to Cracow?

6. Why did Joanna have to clean the apartment and take the stuff?

a) Because the landlord wanted to rent it to someone else

b) Because all the things inside were really valuable

c) because all the things inside were broken

7. What did Joanna decide to take to the antique shop?

a) A chair

b) A carpet

c) A painting

8. Was the painting valuable?

a) Yes

b) No

9. What did Joanna do with the painting?

a) She donated it

b) She hung it at her home

c) She sold it

Odpowiedzi

1. Kierowca

2. Spowodował wypadek

3. Przekroczyła limit prędkości

4. Śmierć ciotki

5. Aby zająć się mieszkaniem i rzeczami ciotki

Answers

1. Driver

2. He caused an accident

3. She had exceeded the speed limit

4. Her aunt's death

5. To take care of the aunt's apartment and stuff

6. a

7. c

8. a

9. c

Chapter 6 – Najlepszy przyjaciel [The best friend]

Był zimy poranek. **Liście** i ostatnie **owoce** z drzew zdążyły już opaść. **Mgła** na leśnej polanie była wyjątkowo gęsta.

It was a cold morning. The last leaves and fruits had already fallen from the trees. The fog on the glade was exceptionally thick that day.

Tego dnia Marcin miał dużo pracy. Nadchodziła mroźna zima, a w lesie nie było zbyt wiele jedzenia dla zwierząt. Musiał przygotować **karmniki, paśniki** oraz zostawić trochę warzyw i **karmy dla ptaków.**

That day, Marcin had a lot to do. An extremely cold winter was coming, and there wasn't enough food in the forest to feed the animals. Marcin had to prepare birdhouses and feeders, and leave some vegetables and birdseed.

Marcin od dwudziestu lat robił to co kochał—był **leśniczym.** Wraz ze swoją żoną Natalią **przeprowadzili się** do małego domku w lesie i tam troszczyli się o las i zwierzęta.

Marcin had been a forester for twenty years—and he'd loved his job so much. He and his wife, Natalia, had moved to a small house in the middle of the forest, and they'd taken care of the animals, especially during some cold winters.

Po wysypaniu jedzenia Marcin obserwował jak zwierzęta podchodzą do paśnika. Wiedział, że bez jego pomocy leśne zwierzęta miałyby bardzo ciężko.

After preparing the food, Marcin was watching the animals coming to the feeder. He knew that without his help wild animals couldn't have survived.

Po pracy w lesie Marcin udał się nad **jezioro**. Przez chwilę oglądał ostatnie **stado kaczek odlatujące na południe**, aby przetrwać zimowy czas.

After finishing his work in the forest, Marcin headed towards the lake. He was watching the last flock of ducks heading south to survive the wintertime. "

*Chciałbym być teraz w **ciepłych krajach**,* pomyślał Marcin. Za każdym razem marzył o tym, aby wyjechać z kraju i spędzić zimę nad **Morzem Śródziemnym**. Ale za każdym razem zostawał. Wiedział, że bez jego pomocy wiele zwierząt zginęłoby z braku jedzenia i zimna – w lasach było coraz mniej pożywienia.

I wish I was in the tropics now, Marcin thought. Every year, he'd dreamt of leaving the country and spending the winter by the Mediterranean Sea. Yet every year, he stayed. He knew that without his help, many wild animals wouldn't have survived the winter due to a lack of food and freezing weather. There had been less and less food in the forests each year.

Wracając do domu, Marcin zauważył w oddali **stado bocianów** zbierających się do lotu.

On his way home, Marcin noticed a flock of storks. They were about to fly out.

Dziwne, pomyślał. *Bociany powinny już dawno odlecieć.*

That's weird, he thought. *The storks should have already been gone.*

Postanowił sprawdzić dlaczego ptaki wciąż pozostawały przy jeziorze. Kiedy podszedł bliżej ptaki odleciały. Nagle... zauważył na plaży bociana, który nie odlatywał.

Marcin decided to check why the storks were still by the lake. When he came closer, the storks flew out. Suddenly... he noticed one stork that couldn't fly.

Marcin zbliżył się do niego, ale ptak dalej pozostawał na miejscu. Postanowił podejść jeszcze bliżej. Gdy Marcin był już dostatecznie blisko, zauważył, że ptak ma **złamane skrzydło**.

Marcin came closer, yet the bird was still staying put. He decided to come even closer. When Marcin was close enough, he noticed that the bird had a broken wing.

"O nie. Ten bocian nie miał zbyt wiele szczęścia. Jeśli nie odleci, **zamarznie na śmierć**."

"Oh no. This stork wasn't so lucky. If it doesn't fly out, it will freeze to death."

Marcin nie zastanawiał się długo. Postanowił zabrać bociana do swojego domu.

Marcin didn't give it a second thought. He decided to take the stork to his house.

"Co zajęło ci tak długo? Co tam masz?" spytała Natalia, żona Marcina.

"What took you so long? What do you have over there?" asked Natalia, Marcin's wife.

"Po skończonej pracy zauważyłem bociany nad jeziorem. Mam jednego ze złamanym skrzydłem. Musimy mu szybko pomóc, aby mógł odlecieć," odpowiedział Marcin.

"After finishing my work, I noticed a flock of storks. I have a hero one with a broken wing. We have to help him quickly so that he can fly out," Marcin replied.

Marcin i Natalia od razu zaczęli działać. Położyli bociana na stole i opatrzyli jego **rany**.

Marcin and Natalia got down to work immediately. They put the stork on the table and dressed its wounds.

"Miałeś szczęście kolego. Za tydzień będziesz mógł odlecieć na południe. Miejmy nadzieję, że zima nie przyjdzie do tego czasu."

"You were lucky enough, buddy. You will be able to head south in a week. Let's hope winter won't come that fast."

Tydzień minął, ale sytuacja była gorsza niż Marcin zakładał.

The week had gone by, yet the situation was worse than Marcin expected.

"No cóż. Wygląda na to, że spędzisz zimę w naszym domu," powiedział Marcin.

"Well. It seems that you'll have to spend the winter in our house," Marcin said.

Marcin wrócił razem z ptakiem do domu i poprosił Natalię o przygotowanie legowiska dla ptaka.

Marcin returned with the bird to his house and asked Natalia to prepare a place for the bird.

Zima mijała, a bocian **zadomowił się** w leśniczówce. Marcin był bardzo dumny z tego, że znalazł bociana i pomógł mu przetrwać zimę.

Winter was passing, and the bird had already felt at home. Marcin was very proud of the fact that he'd found the stork and helped him survive the winter.

Pewnego poranka, przechadzając się po lesie Marcin usłyszał śpiew ptaków.

One morning, walking through the forest, Marcin heard birds singing.

"Nareszcie!" wykrzyknął. "**Wiosna** przyszła!"

"Finally!" he exclaimed. "The spring has come!"

Marcin pobiegł nad jezioro. Na plaży zauważył stado bocianów, które właśnie wróciły z południa. Postanowił zabrać swojego ptaka z leśniczówki z powrotem do reszty, ponieważ jego skrzydło było już sprawne.

Marcin ran to the lake. On the beach, he noticed a flock of storks that had just returned from the southern countries. He decided to take his bird from the house and return it to the rest of the birds since its wing had already healed.

Wypuszczając ptaka **na plaży** Marcin poczuł smutek. Przez całą zimę zdążył już przyzwyczaić się do jego obecności. Marcin wiedział, że będzie za nim tęsknił. W czasie zimy był to jego dobry przyjaciel.

While letting the bird go on the beach, Marcin felt sad. He'd got used to the bird. Marcin knew that he would miss the bird so much. During the winter, the stork was his best friend.

"Czas cię wypuścić, kolego," powiedział Marcin. „Żegnaj."

"It's time to let you go, buddy," Marcin said. "Goodbye."

Marcin wrócił do domu, ale nadal czuł wielki smutek. Przypomniał sobie jak w czasie zimy razem z żoną i ptakiem spędzali wieczory w domu. Przypomniał sobie jak znalazł bociana na plaży i jak pomógł mu przetrwać.

Marcin returned home. He felt really sad. He remembered that during the winter, he spent all evenings with his wife and the stork. He thought back about finding the stork on the beach and helping him survive.

Mijały miesiące, a Marcin powrócił do swoich codziennych obowiązków. Znów zbliżała się zima. Marcin przygotował karmniki i paśniki. Tego dnia postanowił jednak udać się nad jezioro.

Months went by, and Marcin returned to his daily responsibilities. Another winter was coming. Marcin prepared birdhouses and feeders. That day, he decided to go to the lake.

Niestety, nie było tam już żadnych ptaków.

Unfortunately, there weren't any birds left on the beach.

Musiały już odlecieć na południe, pomyślał. Przez chwilę stał jeszcze na plaży i **patrzył w niebo.**

They should have already headed south, he thought. He stood on the beach for a while and looked at the sky.

Robiło się już bardzo zimno, więc Marcin postanowił wrócić do domu. Zauważył w oddali **światła** w swoim domu. Przez okno widział Natalię przygotowującą jedzenie. Kiedy podszedł do okna, zauważył, że Natalia czyściła **koc**, który zeszłej zimy przygotowali dla bociana.

It was getting really cold, so Marcin decided to return to the house. He noticed lights in his home when he was returning. Through the window, he saw Natalia preparing food. When he came closer to the window, he noticed that Natalia was cleaning the blanket they'd prepared for the stork last winter.

Dziwne, pomyślał. *Ten koc był na strychu. Po co Natalia przyniosła go do kuchni?*

Weird, he thought. *That blanket was in the attic. Why did Natalia bring it to the kitchen?*

Marcin postanowił jak najszybciej to wyjaśnić, jednak po wejściu do domu wszystko było jasne. Marcin zauważył bociana, który leżał na kocu i Natalię przygotowującą jedzenie w kuchni. Był zaskoczony.

Marcin decided to find out as fast as possible. However, after entering the house, everything was clear. Marcin noticed the stork that was lying on the blanket, and Natalia who was preparing food in the kitchen. He was surprised.

"Przygotowywałam jedzenie, gdy nagle zauważyłam go przed domem. Postanowiłam zabrać go do środka. Nie odleciał na południe. Wygląda na to, że chce spędzić zimę z nami," powiedziała Natalia.

"I was preparing some food when I suddenly saw him in front of the house. I decided to take him home. He didn't head south. It seems that he wants to spend the winter with us," Natalia said.

Marcin był wzruszony. Bocian postanowił zostać razem z nim. Od tej pory ptak każdą zimę spędzał w domu Marcina, pomimo tego, że reszta ptaków odlatywała na południe. Marcin z żoną za każdym razem przygotowywali mu miejsce i wyczekiwali jesieni.

Marcin was touched. The stork decided to stay with him. Since that day, the bird spent every winter in the house, although the other birds headed south. Marcin and his wife always prepared a place for him and waited for the autumn.

Streszczenie

Marcin był leśniczym. Mieszkał ze swoją żoną Natalią w małym domku w lesie. Pewnego dnia po skończonej pracy Marcin postanowił udać się nad jezioro. Zauważył tam stado bocianów. Gdy podszedł bliżej zauważył, że jeden bocian miał złamane skrzydło. Marcin postanowił zabrać go domu. Marcin z żoną opatrzyli mu skrzydło. Po pewnym czasie okazało się jednak, że bocian nie mógł odlecieć na południe. Bocian spędził zimę w domu Marcina i Natalii. Po zimie Marcin wypuścił ptaka. Minęły miesiące I nadchodziła kolejna zima. Marcin udał się nad jezioro, ale wszystkie ptaki zdążyły już odlecieć na południe. Po powrocie do domu zauważył, że w jego domu był bocian, któremu pomógł w zeszłym roku. Bocian nie odleciał na południe tylko został na zimę w domu Marcina i Natalii.

Summary

Marcin was a forester. He lived with his wife, Natalia, in a small house in the woods. One day after finishing his work, Marcin decided to go to the lake. He saw a flock of storks. When he came closer, he noticed that one of the storks had a broken wing. Marcin decided to take the bird to his home. Marcin and his wife helped the stork. After some time, it turned out that the stork couldn't head south. The bird spent the winter at Marcin and Natalia's home. After the winter, Marcin let the bird go. A month went by, and another winter was coming. Marcin went to the lake, but all birds had already gone. After returning home, he saw that the stork which he helped survive last winter was at his home. The stork didn't head south and stayed at Marcin and Natalia's home.

Vocabulary

Liście – leaves
Owoce – fruits
Mgła – fog
Karmniki – birdhouses
Paśniki – feeders
Karma dla ptaków – birdseed

Leśniczy – a forester
Przeprowadzić się – to move
Jezioro – a lake
Stado kaczek – a flock of ducks
Odlatywać na południe – to head south
Ciepłe kraje – the tropics
Morze Śródziemne – the Mediterranean Sea
Stado bocianów – a flock of storks
Złamane skrzydło – a broken wing
Zamarznąć na śmierć – to freeze to death
Rany – wounds
Zadomowić się – to feel at home
Wiosna – spring
Na plaży – on the beach
Patrzeć w niebo – to look at the sky
Światła – lights
Koc – a blanket

Pytania

1. Kim był Marcin z zawodu?
2. Z kim Marcin mieszkał w swoim domu?
3. Gdzie był dom Marcina?
4. Co Marcin zauważył na plaży?
5. Dlaczego jeden z bocianów nie odleciał?
a) Nie chciał
b) Bał się
c) Miał złamane skrzydło
6. W jaki sposób Marcin pomógł bocianowi?
a) Zabrał go do paśnika
b) Zabrał go do swojego domu
c) Zbudował mu karmnik
7. Kiedy Marcin postanowił wypuścić bociana?
a) Latem
b) Na początku wiosny

c) Jesienią

8. Co zobaczył Marcin po powrocie do domu?

a) Bociana

b) Pusty dom

c) Swoich rodziców

Questions

1. What was Marcin's profession?

2. Who did Marcin live with?

3. Where was Marcin's house located?

4. What did Marcin notice at the beach?

5. Why didn't one of the storks fly out?

a) It didn't want to

b) It was scared

c) It had a broken wing

6. How did Marcin help the stork?

a) He took it to the feeder

b) He took it to his house

c) He built him a birdhouse

7. When did Marcin decide to let the stork go?

a) During summer

b) At the beginning of spring

c) During fall

8. What did Marcin notice after returning home?

a) The stork

b) An empty house

c) His parents

Odpowiedzi

1. Był leśniczym

2. Z żoną

3. W lesie

4. Bociana

5. c

6. b

7. b

8. a

Answers

1. He was a forester
2. With his wife
3. In the forest
4. A stork
5. c
6. b
7. b
8. a

Chapter 7 – Wszędzie dobrze, ale w domu najlepiej [East or West, home is best]

Magda wyjrzała przez okno. Zobaczyła **pole** pełne **pszenicy** i **kukurydzy**. W oddali znajdował się las do którego uwielbiała chodzić, gdy była dzieckiem. Przypomniała sobie jak w zimie **dokarmiała zwierzęta**, jak latem **zbierała jagody** i jak jesienią **zbierała grzyby**.

Magda looked through the window. She saw a field covered with wheat and corn. In the foreground, there was the forest she enjoyed going to when she was a kid. She looked back on the times she fed wild animals during the winter, collected berries during summer, and gathered mushrooms during fall.

Życie **na wsi** było bardzo spokojne i ciche. Jednak, im starsza Magda była, tym nudniejsze stawało się dla niej mieszkanie w wiosce. W okolicy nie było **nic do roboty**. Nie było kina, nie było restauracji, a nawet nie było sklepu. Magda i jej rodzice musieli robić zakupy w mieście oddalonym o dziesięć kilometrów.

Living in the countryside was peaceful and quiet. However, the older Magda got, the more boring living on a farm was for her. There was nothing to do. There was no cinema, no restaurants. There wasn't even a shop. Magda and her parents had to do the shopping in the city, ten kilometres away from their home.

Dobrze, że jest Internet, pomyślała Magda i włączyła Instagrama.

At least we have the Internet, Magda thought, and she opened Instagram.

Przeglądanie zdjęć na Instagramie było dla Magdy czymś bardzo ciekawym. Uwielbiała oglądać zdjęcia swoich znajomych z miasta i widzieć jak spędzają wolny czas. Zdjęcia z restauracji, zdjęcia z podróży – wszystko to było dla Magdy bardzo **odległe**.

Magda really enjoyed looking at the Instagram pictures. She loved looking at photos of her friends from the city and see how they spent their free time. Pictures from restaurants, pictures from their trips—for Magda, everything looked just unreachable.

Po krótkiej chwili Magda usłyszała **dzwonek do drzw**i. Odłożyła telefon i poszła na dół otworzyć. To był Piotrek, jej chłopak.

After a while, Magda heard the doorbell. He put her phone aside and went downstairs to open the door. It was her boyfriend, Peter.

"Cześć, kochanie. Co u ciebie?" zapytał.

"Hi, honey. How are you?" he asked.

"Dobrze, wejdź. Napijesz się czegoś?" zaproponowała Magda.

"Fine, come in. Would you like something to drink?" Magda suggested.

"Chętnie," odpowiedział.

"I'd love to," he said.

Magda i Piotrek wszystko robili razem. Poznali się już w dzieciństwie, ponieważ Piotrek był jej **sąsiadem**. Później razem chodzili do jednej klasy.

Magda and Peter had always done everything together. They met for the first time as little kids since Peter had been her neighbor. Later, they were in the same class at school.

Po ukończeniu szkoły podstawowej **zostali parą**. Piotrek nie wyjechał na studia, ponieważ postanowił spędzić resztę swojego życia w **gospodarstwie**. Miał nadzieję, że wkrótce **wezmą ślub** i razem będą prowadzić gospodarstwo. Magda chciała iść na studia. Niestety, nie zdała dobrze **egzaminu końcowego** i nie dostała się. Po tym czasie przestała próbować.

After graduating from school, they became a couple. Peter didn't go to university because he decided to spend the rest of his life on the farm. He hoped that one day they would get married and take care of the farm together. Magda wanted to study. Unfortunately, she hadn't got a good score on the state exam, and she hadn't got into the university. After that, she gave up.

Tego dnia Magda czuła się dziwnie. Kochała Piotrka, ale od jakiegoś czasu czuła, że nie mają o czym rozmawiać. Pili kawę w milczeniu. Po krótkiej chwili Piotrek **przerwał milczenie**:

That day Marta felt strange. She loved Peter, yet recently they'd had nothing to talk about. They were drinking coffee, saying nothing. After a while, Peter broke the silence:

"Muszę ci coś powiedzieć."

"I have to tell you something."

"Co takiego?" Magda była zdziwiona.

"What is that?" Magda was surprised.

"Nie pojedziemy w tym roku w **góry**. Muszę tutaj zostać. Mamy dużo pracy w gospodarstwie. Przepraszam, kochanie."

"We aren't going to the mountains this year. I have to stay here. We have too much to do on the farm. I'm sorry, honey."

Magda poczuła się jeszcze gorzej. Miała nadzieję, że choć na chwilę opuści wioskę i zobaczy coś nowego. Czekała na ten wyjazd tak długo... Wiedziała jednak, że Piotrek miał naprawdę dużo pracy. Ostatnio spotykali się coraz rzadziej i spędzali ze sobą coraz mniej czasu.

Magda felt so much worse. She'd hoped that she would leave the village for a while and see something new. She'd been waiting for that trip for a long time. However, she knew that Peter had so much to do. They'd been meeting less and less often, and they'd been spending less and less time together.

Po spotkaniu z Piotrkiem Magda zaczęła rozmyślać nad swoim życiem. Bardzo lubiła swój dom i rodzinę, ale życie na wsi było dla niej **udręką** po ukończeniu szkoły. Nie miała pomysłu na życie i nie wiedziała co chce robić. Wiedziała jedno—nie może tu dłużej zostać.

After meeting Peter, Magda started to think about her life. She loved her home and her family, yet living in the countryside became torture after graduating from school. She didn't know what to do with her life. She knew only one thing—she couldn't stay there any longer.

Pewnego dnia, oglądając Instagrama zobaczyła, że jej koleżanka była na wycieczce w Londynie. Zdjęcie było tak piękne, że Magda przez cały wieczór oglądała zdjęcia miasta i czytała **ciekawostki** na temat Anglii. Otworzyła nawet stronę **linii lotniczych** i udawała, że kupuje bilet.

One day, looking at some Instagram pictures, she saw that her friend was on a trip to London. The picture was so beautiful that it made Magda look at more pictures of the city and read some fun facts about England. She even opened an airline's website and pretended to buy a ticket.

Już miała nacisnąć "Wstecz", gdy nagle... Magda po sekundzie zorientowała się, że zarezerwowała **bilet** z Warszawy do Londynu **w jedną stronę**. To był **impuls**. To było jak spełnienie marzeń. Wiedziała, że nie może dłużej zostać na wsi.

She was about to press the "Back" button when suddenly... After a second, Magda realized that she had just booked a one-way plane ticket from Warsaw to London. It was an impulse. It was like a dream come true. She knew that she couldn't stay in the village any longer.

Nazajutrz Magda postanowiła powiedzieć o tym rodzicom i Piotrkowi.

The next day, Magda decided to tell her parents and Peter about the trip.

"Mamo, tato, pojutrze wylatuję do Londynu!" powiedziała.

"Mom, Dad, I'm going to London the day after tomorrow!" she said.

"Córeczko, jesteś pewna, że chcesz lecieć?" spytała mama.

"My little girl, are you sure you want to go?" her mom asked.

"Tak, muszę to zrobić. Nie mogę tutaj dłużej zostać. Życie na wsi jest zbyt nudne," odpowiedziała Magda.

"Yes, I need to do this. I can't stay here any longer. Living in the countryside is so boring," Magda said.

"Jeśli ten wyjazd sprawi, że będziesz szczęśliwa, to jedź w takim razie," odparł ojciec Magdy.

"If this trip makes you happy, then go," her dad said.

Magda nie mogła uwierzyć za dwa dni miała sama polecieć do Londynu! Trochę się bała. Postanowiła spakować **walizkę** i zabrać najpotrzebniejsze rzeczy. Wiedziała jednak, że przed wyjazdem czekała ją jeszcze jedna, bardzo trudna rozmowa.

Magda couldn't believe she was about to go to London alone in two days! She was scared a bit. She decided to pack her suitcase and take some travel essentials. Yet, she knew that she had to make one more important conversation before the departure.

"Piotrek, musimy porozmawiać."

"Peter, we need to talk."

"O co chodzi?" zapytał Piotrek. Był trochę zmieszany.

"What's going on?" Peter asked. He was confused a bit.

"Piotrek, od pewnego czasu nie jest dobrze. Uważam że powinniśmy to zakończyć."

"Peter, some things between us haven't been well for some time. I think it's time to end this."

"Ale... dlaczego?"

"But... why?"

"Nie chcę spędzić z tobą reszty życia. Życie na wsi jest zbyt nudne. Ja chcę zwiedzać świat, poznawać nowych ludzi. Nie chcę żyć z tobą w gospodarstwie. Po jutrze wylatuję do Londynu," odpowiedziała Magda.

"I don't want to spend the rest of my life with you. Living here is so boring. I want to travel the world, meet new people. I don't want to live with you on the farm. I'm going to London the day after tomorrow," Magda said.

"Czy to oznacza, że **zrywasz ze mną**?" spytał Piotrek.

"Are you breaking up with me?" Peter asked.

"Tak. Myślę, że to koniec. Przepraszam," odpowiedziała Magda.

"Yes. I think that's it. I'm sorry," Magda said.

"Powodzenia, w takim razie." Piotrek był zdruzgotany, jednak wiedział, że musi odpuścić.

"Good luck, then." Peter was devastated. However, he knew that he had to let it go.

W końcu nadszedł dzień wylotu. Magda była bardzo zdenerwowana. Nigdy wcześniej nie latała samolotem. Nigdy wcześniej nie była nawet za granicą. Jednak **ciekawość** była silniejsza niż strach. Magda pożegnała się z rodzicami i udała się w stronę **odprawy**. Po wejściu do samolotu Magda była podekscytowana. Wiedziała, że nie może już wrócić. To była **przełomowa** decyzja.

The day of the departure finally came. Magda was nervous. She had never been on a plane before. She had never been abroad. However, her curiosity was stronger than her fear. Magda said goodbye to her parents and headed towards the check-in gates. After entering the plane, she got excited. She knew that there was no way back. It was her life-changing decision.

Po dotarciu na miejsce Magda była **przytłoczona**, a jednocześnie zachwycona. Nigdy wcześniej nie widziała tak dużego miasta. Wszędzie były restauracje, kluby, setki ludzi. I ona... w samym środku Londynu.

After reaching her destination, Magda was astonished and overwhelmed at the same time. She had never seen such a big city. There were restaurants, clubs, and hundreds of people everywhere. And her... right in the middle of London.

Mijały miesiące. Magda znalazła mieszkanie i pracę. Pracowała jako sprzedawca w supermarkecie. Nie była to wymarzona praca, ale przynajmniej pozwalała na **przetrwanie** w dużym mieście. Praca nie była dla Magdy problemem—całe życie ciężko pracowała w gospodarstwie. Jednak, Magda była bardzo samotna.

Months went by. Magda had already found an apartment and a job. She was working as a shop assistant in a supermarket. It wasn't her dream job, but it could help her survive in the city. Working hard wasn't a problem for Magda—she'd been working hard all her life on the farm. However, Magda was lonely.

W Londynie nie miała żadnych znajomych. Nie miała nawet nikogo, z kim mogłaby porozmawiać o swoich problemach. Czasem rozmawiała z rodzicami przez telefon, jednak czuła że tęskniła za nimi. Pewnego razu rozmawiała nawet z Piotrkiem, ale on jak zwykle, miał dużo pracy i nie miał czasu na długą rozmowę.

She didn't have any friends in London. She didn't have anyone to talk to about her problems. Sometimes she talked with her parents on the phone, but she missed them very much. One day, she even called Peter, but he had a job to do and couldn't talk, as usual.

Pewnego dnia Magda wróciła zmęczona z pracy. W tamtej chwili poczuła rozczarowanie i **samotność**. Miasto było piękne, ale Magdzie brakowało ludzi, których kochała - jej rodziców, a nawet Piotrka.

One day, Magda came home from work really tired. At that moment, she was disappointed and lonely. The city was beautiful, yet she missed the people she loved—her parents and Peter.

Chyba czas kupić **bilet powrotny**, pomyślała.

Guess it's time to buy a return ticket, she thought.

Po piętnastu minutach bilet powrotny był już w koszyku. Magda cieszyła się na powrót. Postanowiła powiedzieć rodzicom.

After fifteen minutes, the return ticket was already in her basket on the website. She was happy to finally return home. She decided to tell her parents about it.

Na lotnisku w Warszawie Magda od razu zobaczyła swoich rodziców. Była bardzo szczęśliwa. Bardzo za nimi tęskniła.

At the airport in Warsaw, Magda noticed her parents immediately. She was really happy. She'd missed them so much.

"Mamo, tato, tak się cieszę, że was widzę!" wykrzyknęła.

"Mom, dad, I'm really happy to see you both!" she exclaimed.

"My też się cieszymy, córciu. Ale... tak bardzo chciałaś mieszkać w mieście. Mówiłaś, że życie na wsi jest nudne. Dlaczego postanowiłaś wrócić?" zapytała mama.

"We're happy too, my little girl. But... you wanted to live in the city. You told us that living in the countryside was boring. Why did you decide to return home?" her mother asked.

"Wszędzie dobrze ale w domu najlepiej. Zdałam sobie z tego sprawę, gdy byłam sama w Londynie. Bardzo tęskniłam za wami i za domem," odpowiedziała Magda.

"East, west, home is best. I realized that when I was alone in London. I've missed you and our home so bad," Magda replied.

Po powrocie do domu Magda zobaczyła dom Piotrka. Przypomniało jej się jak bardzo tęskniła za nim podczas pobytu w Londynie.

While returning home, Magda saw Peter's house. She realized how much she'd missed him during the time in London.

"Mamo, myślisz że powinnam iść do niego i go przeprosić?" zapytała Magda.

"Mom, do you think that I should visit him and apologize?" Magda asked.

"Oczywiście. Musisz to zrobić. Jednak jest coś, o czym musisz wiedzieć," odpowiedziała mama.

"Of course. You have to to this. However, there's something you need to know," her mother said.

"Co to takiego?" zapytała Magda.

"What is it?" Magda asked.

"Piotrek jest **zaręczony**," odpowiedziała mama.

"Peter's engaged," her mother said.

"Co?!" Magda była zszokowana.

"What?!" Magda was shocked.

" Po **rozstaniu** Piotrek zaczął chodzić z Anią z sąsiedniej wioski. Zaręczyli się dwa tygodnie temu."

"After your breakup, Peter started to go out with Ania, a girl from another village. They got engaged two weeks ago."

Magda nie wiedziała co powiedzieć. Postanowiła jednak przeprosić Piotrka za wszystko. Chciała, aby zostali chociaż przyjaciółmi. Niestety, jej decyzja miała poważne **konsekwencje**. Wiedziała, że nigdy już nie będzie z Piotrkiem. Jednak, nie **żałowała** wyjazdu. Podczas pobytu w Londynie zdała sobie sprawę z tego, że to ludzie, nie miejsca są **źródłem** szczęścia.

Magda didn't know what to say. She decided to apologize to Peter for everything. She wanted to make friends with him. Unfortunately, her decision had consequences. She knew that she wouldn't be with Peter ever again. However, she didn't regret her trip to London. During the stay in the city, she realized that people, not places, made her happy.

Streszczenie

Magda mieszkała na wsi. Po ukończeniu szkoły poznała Piotrka i para zaczęła chodzić ze sobą. Piotrek nie poszedł na studia, ponieważ chciał spędzić życie na gospodarstwie. Magda również nie poszła na studia, ponieważ się nie dostała. Pewnego dnia Magda oglądała zdjęcia na Instagramie. Była zazdrosna o koleżanki. Po chwili kupiła bilet w jedną stronę do Londynu. Następnego dnia Magda postanowiła powiedzieć o wyjeździe swoim rodzicom. Rodzice zgodzili się. Magda postanowiła zerwać z Piotrkiem. Po kilku dniach Magda wyjechała do Londynu. Minęły miesiące. Magda pracowała w supermarkecie i wynajmowała mieszkanie. Czuła się bardzo samotnie w dużym mieście I nie miała przyjaciół. Postanowiła wrócić do domu. Po powrocie rodzice Magdy ucieszyli się. Magda postanowiła przeprosić Piotrka. Okazało się, że Piotrek był zaręczony. Magda nie żałowała swojej decyzji o powrocie.

Summary

Magda lived in the countryside. After graduating from school, she met Peter. The couple started to go out together. Peter didn't go to a university since he wanted to spend the rest of his life on the farm. Magda didn't go either because she hadn't got a good score on the state exam. One day, Magda was looking at some Instagram pictures. She was jealous of her friends. After a while, she bought a one-way ticket to London. The next day, Magda decided to tell her parents about the trip. They agreed to it. Magda decided to break up with Peter. After a few days, Magda departed to London. A month went by. Magda was working at a supermarket and was renting an apartment. She felt lonely in the big city, and she didn't have any friends. She decided to return home. Her parents were really happy. Magda decided to apologize to Peter. It turned out that he had already been engaged to someone else. Magda didn't regret her decision.

Vocabulary

Pole – a field

Pszenica – wheat

Kukurydza – corn

Dokarmiać zwierzęta – to feed animals

Zbierać jagody – to collect berries

Zbierać grzyby – to gather mushrooms

Na wsi – in the countryside

Nic do roboty – nothing to do

Odległy – unreachable

Dzwonek do drzwi – a doorbell

Sąsiad – a neighbor

Zostać parą – to become a couple

Gospodarstwo – a farm

Wziąć ślub – to get married

Egzamin końcowy – a final exam

Przerwać milczenie – to break the silence

Góry – mountains

Udręka – torture

Ciekawostka – fun facts

Linie lotnicze – airlines

Bilet w jedną stronę – a one-way ticket

Impuls – an impulse

Walizka – suitcase

Zrywać z kimś – to break up with someone

Ciekawość – curiosity

Odprawa – check-in

Przełomowy – life-changing

Przytłoczony – overwhelmed

Bilet powrotny – a return ticket

Zaręczony – engaged

Żałować – to regret

Źródło – a source

Pytania

1. Gdzie mieszkała Magda?

2. Dlaczego Magda nie poszła na studia?

3. Jak miał na imię chłopak Magdy?

4. Dlaczego Piotrek nie poszedł na studia?

5. Jaką aplikację uwielbiała Magda?

6. Gdzie postanowiła wyjechać Magda?

a) Do Rzymu

b) Do Londynu

c) Do Paryża

7. Gdzie pracowała Magda podczas pobytu w Londynie?

a) W sklepie odzieżowym

b) Na poczcie

c) W supermarkecie

8. Dlaczego Magda postanowiła wrócić?

a) Tęskniła za rodzicami i Piotrkiem

b) Jej rodzice umarli

c) Straciła pracę

9. Dlaczego Magda nie wróciła do Piotrka?

a) Piotrek umarł

b) Piotrek był zaręczony z kimś innym

c) Piotrek wyjechał za granicę

10. Czy Magda żałowała swojej decyzji?

a) Tak

b) Nie

Questions

1. Where did Magda live?

2. Why didn't Magda go to the university?

3. What was the name of Magda's boyfriend?

4. Why didn't Peter go to the university?

5. What mobile app did Magda love?

6. Where did Magda fly to?

a) To Rome

b) To London

c) To Paris

7. Where did Magda work at during her stay in London?

a) In a clothing shop

b) At a post office

c) In a supermarket

8. Why did Magda decide to come back?

a) She missed her parents and she missed Peter

b) Her parents passed away

c) She lost her job

9. Why didn't Magda get back to Peter?

a) He passed away

b) Peter was engaged to someone else

c) Peter went abroad

10. Did Magda regret her decision?

a) Yes

b) No

Odpowiedzi

1. Na wsi
2. Nie miała dobrego wyniku na egzaminach końcowych
3. Piotrek
4. Chciał zostać na gospodarstwie
5. Instagram
6. b
7. c
8. a
9. b
10. b

Answers

1. In the countryside
2. She didn't get a good score on her final exam
3. Peter
4. He wanted to stay at his farm
5. Instagram
6. b
7. c
8. a
9. b
10. b

Chapter 8 – Konsekwencje [Consequences]

Sara nie miała tyle szczęścia, co inne dzieci. Jako **noworodek** trafiła do **domu dziecka**. Nie znała swoich rodziców. Nigdy nawet nie próbowała się dowiedzieć kim oni są. Bardzo bała się rozczarowania.

Sara wasn't as lucky as the other kids. As a newborn, she was taken to the orphanage. She didn't know her parents. She didn't try to find out who they were. She was afraid of disappointment.

Sara nie była również **grzecznym** dzieckiem. Właściwie, sprawiała wiele problemów. Wiele razy potrafiła **kłócić się** z innymi dziećmi o **zabawki** czy **miejsce przy stole**.

Sara wasn't a well-behaved kid either. In fact, she always started something. She could start an argument over toys or a seat by a table with the other kids countless times.

Tego dnia Sara obudziła się **zmęczona** i zdenerwowana. Przypomniała sobie jak dwa dni wcześniej **uderzyła** swojego kolegę i została zawieszona. Wiedziała, że to nie była jej **wina**. Tamten chłopak sprowokował ją, robiąc sobie z niej żarty. Sara nie miała żadnych przyjaciół, ale tego było już za wiele. Na dodatek, Pani Maria, jej opiekunka, zabrała jej wszystkie kieszonkowe przez tę bójkę.

That day, Sara woke up tired and nervous. She remembered that two days before, she hit her friend and got suspended. She knew that it hadn't been her fault. That boy triggered her, making some stupid comments. Sara didn't have many friends, but it was too much for her. In addition, Mrs. Maria, the houseparent, took her pocket money because of that fight.

Bez tych pieniędzy nie będę mogła nic sobie kupić w **galerii**, pomyślała Sara. Była bardzo smutna, ponieważ za dwa dni wszystkie dzieci z ośrodka miały iść z **opiekunem** do galerii handlowej, aby kupić sobie ubrania.

I won't be able to buy anything in the shopping center because of this fight, Sara thought. She was very sad because in two days, the whole group was supposed to go to the shopping center to buy some clothes.

Nadszedł dzień zakupów. Wszyscy podopieczni udali się do dużej galerii handlowej w centrum miasta. Sara nie miała żadnych pieniędzy, ale postanowiła pojechać. Uwielbiała oglądać te wszystkie piękne ubrania i **biżuterię**. Marzyła o tym, że pewnego dnia kpi sobie tyle rzeczy ile będzie chciała.

The shopping day finally came. All the children went to the big shopping center in the city center. Sara didn't have any money, yet she decided to go. She loved looking at all the clothes and jewelry. She dreamt that, one day, she would buy anything she wanted to.

Sara odłączyła się od grupy zaraz po wejściu do galerii. Bardzo **zazdrościła** swoim koleżankom. Wiedziała, że bez kieszonkowych, które zabrała jej pani Maria nic sobie nie kupi.

Sara left her group shortly after entering the shopping center. She was jealous of her friends. She knew that without the money taken by Mrs. Maria, she wouldn't buy anything.

Po wejściu do jednego ze sklepów z ubraniami Sara zauważyła piękną **sukienkę**. Sukienka była czerwona i miała długie rękawy. Sara postanowiła ją **przymierzyć**.

After going into one of the clothing shops, Sara saw a beautiful dress. It was red and had long sleeves. Sara decided to try it on.

Kiedy Sara zobaczyła siebie w lustrze w tej przepięknej sukience nie mogła uwierzyć. Wyglądała oszałamiająco! Jednak, gdy spojrzała na **cenę** od razu posmutniała. Sukienka kosztowała czterysta złotych. Sara miała w kieszeni tylko kilka monet.

When Sara looked at herself in the mirror, wearing that beautiful dress, she couldn't believe it. She looked absolutely stunning! However, when she looked at the price tag, she felt sad. The dress cost four hundred zlotys. Sara had only a few coins inside her pocket.

Nie chcę jej oddawać, pomyślała.

I don't want to return it, she thought.

Po chwili podeszła do niej **ekspedientka**.

After a while, a shop assistant came up to her.

"Czy kupuje pani tę sukienkę," zapytała ekspedienta. "Wygląda w niej Pani przepięknie," dodała.

"Are you going to buy this dress?" the shop assistant asked. "You look amazing," she added.

Sara poczuła się okropnie. Wiedziała, że musi odłożyć sukienkę.

Sara felt terrible. She knew that she had to return the dress.

"Przymierzę ją jeszcze raz," powiedziała i dodała, "muszę być pewna, że mi pasuje."

"I'll try it on once again," she said and added, "I need to be sure that it fits me well."

Sara weszła do **przymierzalni** jeszcze raz i założyła sukienkę. Tak bardzo nie chciała jej oddawać, że postanowiła przesiedzieć w przymierzalni całą godzinę, aby móc patrzeć jak pięknie wygląda.

Sara entered the fitting room once again and got the dress on. She didn't want to return it so badly that she decided to stay in the fitting room for one hour to see how amazing she looked.

Po jakimś czasie Sara spojrzała na **zegarek**. Było już późno.

After some time, Sara looked at her watch. It was late.

Pani Maria i reszta na pewno już na mnie czekają, pomyślała i zaczęła zdejmować sukienkę.

Mrs. Maria and the other kids are waiting for me, she thought and started to take off the dress.

Po chwili jednak wpadła na pomysł. Przypomniała sobie, że miała w plecaku **nożyczki**.

After a while, she got an idea. She recalled that she'd had a pair of scissors in her backpack.

*Hmm... Pani Maria na pewno się nie zorientuje. Zaryzykuję. Nie mogę oddać tej sukienki. Jest zbyt piękna. To nie moja wina, że zabrali mi **kieszonkowe!*** pomyślała Sara.

Well... Mrs. Maria won't find out. I'll take the risk. I can't return this dress. It's so beautiful. It's not my fault they took my pocket money! Sara thought.

Po kilku minutach sukienka była już w **plecaku** Sary. Dziewczyna wyszła szybko z przymierzalni i **schowała się** za ubraniami, aby ekspedientka jej nie zauważyła. Sara szybko wyszła ze sklepu niezauważona i pobiegła na miejsce zbiórki.

After a few minutes, the dress was inside Sara's backpack. The girl quickly left the fitting room and hid behind some clothes so that the shop assistant couldn't notice her. Sara left the clothing shop unnoticed and ran to the meeting point.

"Spóźniłaś się! Czekamy na ciebie już dziesięć minut!" powiedziała pani Maria.

"You're late! We've been waiting for you for ten minutes!" Mrs. Maria said.

"Przepraszam. Byłam na drugim końcu galerii. Musiałam iść do toalety," odpowiedziała Sara.

"I'm sorry. I was on the other side of the shopping center. I had to go to the toilet," Sara said.

Dziewczyna była zdenerwowana. Bała się, że ekspedientka w sklepie zorientuje się szybką i **złapie** ją zanim jej grupa opuści galerię. Jednak tak się nie stało. Sara wyszła z grupą **niezauważona**.

The girl was nervous. She was afraid of getting caught by the shop assistant before leaving the shopping center. However, it didn't happen. Sara left the building unnoticed with the rest of the group.

Po powrocie do ośrodka Sara postanowiła ukryć sukienkę **pod łóżkiem**. Musiała to zrobić, ponieważ pani Maria szybko odkryłaby, że coś jest nie tak. Sara nie miała przecież żadnych kieszonkowych.

After returning to the orphanage, Sara decided to hide the dress under her bed. She had to do that because Mrs. Maria could see that something was wrong. Sara didn't have any pocket money.

Minęło kilka dni. Sukienka wciąż leżała pod łóżkiem Sary i nikt jej nie odnalazł. Tylko ona wiedziała o tym sekrecie. Jednak, im dłużej sukienka była w jej pokoju, tym bardziej zdenerwowana była Sara. Bała się, że pewnego dnia do ośrodka przyjdzie policja i znajdzie sukienkę. Bała się, że będzie **wyrzucona** z ośrodka i zabrana do **poprawczaka**.

A few days went by. The dress was still lying under Sara's bed and no one had found it. Only Sara knew about the secret. However, the longer the dress was hidden under the bed, the more nervous Sara was getting. She was afraid that, one day, the police will come to the orphanage and find the dress. She was afraid of being expelled and taken to the young detention center.

Ponadto, Sara czuła się źle z powodu **kradzieży** sukienki. Pomyślała o ekspedientce, która będzie musiała zapłacić za to, że sukienka zniknęła ze sklepu.

Moreover, Sara felt bad about stealing the dress from the shop. She thought about the shop assistant who'd had to pay for the missing dress.

Sara postanowiła przyznać się do kradzieży. Zabrała sukienkę i poszła do gabinetu pani Marii.

Sara decided to confess to the theft. She took the dress and went to Mrs. Maria's office.

"Kto tam? Proszę wejść. O... Sara. O co chodzi?" zapytała pani Maria.

"Who's that? Please, come in. Oh... Sara. What's going on?" Mrs. Maria asked.

"Jest coś, o czym musi Pani wiedzieć," odpowiedziała Sara.

"There's something you need to know," Sara said.

"Co się dzieje?" Pani Maria była zaniepokojona.

"What's going on?" Mrs. Maria got worried.

"Tego dnia kiedy byliśmy w galerii... ja.. ja..." Sara nie mogła **złapać oddechu.** Zaczęła płakać.

"That day, when we were in the shopping center... I... I..." Sara couldn't catch a breath. She started to cry.

"Co się stało, kochanie? Powiedz."

"What happened, honey? Tell me."

"Ja... ja... ukradłam sukienkę," odpowiedziała w końcu Sara.

"I... I... I stole a dress," Sara finally answered.

"Jaką sukienkę? Gdzie?"

"What dress? Where?"

"W tym sklepie z sukienkami. Obok kawiarni. Była taka piękna, a ja nie miałam pieniędzy... Przepraszam. Nie powinnam," powiedziała Sara.

"In that dress shop. Next to the restaurant. It was so beautiful, and I didn't have any money... I'm so sorry. I shouldn't have done that," Sara said.

"Och, kochanie. Miejmy nadzieję, że nie jest za późno. Chodź ze mną i weź sukienkę. Musimy to naprawić," odpowiedziała pani Maria.

"Oh, honey. Let's hope it's not too late. Come with me and take the dress. We have to fix it," Mrs. Maria said.

Sara wraz z panią Marią pojechały do galerii handlowej. Sara postanowiła oddać ekspedientce sukienkę. Niestety, sukienka nie miała **metki** więc Sara musiała za nią zapłacić.

Sara and Mrs. Maria went to the shopping center. Sara decided to return the dress to the shop assistant. Unfortunately, the dress didn't have the price tag, so Sara had to pay for it.

"Nie martw się. Ja za nią zapłacę," odpowiedziała pani Maria.

"Don't worry. I'll pay for the dress," Mrs. Maria said.

"Dziękuję Pani," powiedziała Sara.

"Thank you," Sara said.

"Jednak... będziesz musiała ponieść konsekwencje. Codziennie będziesz pomagać w **kuchni** i przygotowywać jedzenie dla reszty podopiecznych w przyszłym miesiącu."

"However, you'll have to face the consequences. You'll be helping in the kitchen and preparing meals for the kids every day next month."

Sara odetchnęła z ulgą. Wiedziała, że będzie musiała ponieść konsekwencje, ale uczucie ulgi było dla niej o wiele lepsze.

Sara was relieved. She knew that she would have to face the consequences, yet the feeling of relief was so much better.

Nigdy więcej tego nie zrobię, pomyślała.

I won't do anything like that again, she thought.

Streszczenie

Sara była sierotą. Nie znała swoich rodziców. Nie chciała ich również poznać ponieważ nie chciała się rozczarować. Sara nie była również grzecznym dzieckiem. Często kłóciła się z innymi dziećmi. Pewnego dnia uderzyła kolegę i została zawieszona. Opiekunka zabrała jej również kieszonkowe. Kolejnego dnia grupa Sary poszła do centrum handlowego, aby kupić ubrania. Sara była smutna, ponieważ nie miała pieniędzy. Postanowiła jednak pójść. W jednym sklepie Sara zobaczyła piękną sukienkę. Postanowiła ją przymierzyć. Okazało się, że Sara wyglądała przepięknie w tej sukience. Niestety, nie miała pieniędzy. Postanowiła ukraść sukienkę. Po powrocie do domu dziecka Sara ukryła sukienkę pod łóżkiem. Po kilku dniach Sara czuła się źle z powodu kradzieży. Postanowiła powiedzieć o wszystkim swojej opiekunce – pani Marii. Pani Maria przebaczyła Sarze. Sara oddała sukienkę do sklepu, jednak musiała za nią zapłacić. Pani Maria zapłaciła za sukienkę.

Summary

Sara was an orphan. She didn't know her parents. She didn't want to meet them since she didn't want to get disappointed. Sara wasn't a well-behaved child. She often had an argument with other children. One day, she hit one child and got suspended. The foster parent took her pocket money. The next day, Sara's group went to a shopping center to buy some clothes. Sara was sad because she didn't have any money. She decided to go anyway. In one shop, Sara saw a beautiful dress. She decided to try it on. Sara looked absolutely stunning in that dress. Unfortunately, she didn't have money. She decided to steal the dress. After returning to the orphanage, she decided to hide the dress under her bed. After a couple of days, Sara felt bad about stealing the dress. She decided to tell her foster parent, Mrs. Maria, everything. Mrs. Maria forgave Sara. Sara returned the dress to the shop, but she had to pay for it. Mrs. Maria paid for the dress.

Vocabulary

Noworodek – a newborn

Dom dziecka – an orphanage

Grzeczny – well-behaved

Zabawki – toys

Miejsce przy stole – a seat by the table

Zmęczony – tired

Uderzyć – to hit

Wina – a fault

Galeria – a shopping center

Biżuteria – jewelry

Zazdrościć – to be jealous

Sukienka – a dress

Przymierzyć – to try on

Cena – a price

Ekspedientka – a shop assistant

Przymierzalnia – a fitting room

Zegarek – a watch

Nożyczki – scissors

Kieszonkowe – pocket money

Plecak – a backpack

Niezauważony – unnoticed

Pod łóżkiem – under the bed

Wyrzucony – expelled

Poprawczak – a young detention center

Złapać oddech – to catch a breath

Metka – a price tag

Kuchnia – kitchen

Pytania

1. Gdzie mieszkała Sara?

2. Dlaczego Sara nie miała przyjaciół?

3. Dlaczego Sara straciła swoje kieszonkowe?

4. Jaką rzecz chciała kupić Sara?

5. Dlaczego Sara nie mogła kupić sukienki?

6. W jaki sposób Sara weszła w posiadanie sukienki?

a) Kupiła ją

b) Ukradła ją

c) Pani Maria kupiła ją Sarze

7. Gdzie Sara ukryła sukienkę?

a) Pod łóżkiem

b) W walizce

c) W szafie

8. Dlaczego Sara postanowiła powiedzieć o wszystkim pani Marii?

a) Czuła się z tym źle

b) Jej koleżanka odkryła jej secret

c) Zgubiła sukienkę

9. Dlaczego Sara musiała zapłacić za sukienkę?

a) Sukienka miała plamy

b) Sukienka nie miała metki

c) Pani Maria jej kazała

Questions

1. Where did Sara live?

2. Why did Sara have no friends?

3. Why did Sara lose her pocket money?

4. What piece of clothing did Sara want to buy?

5. Why was Sara unable to buy the dress?

6. How did Sara come into possession of the dress?

a) She bought it

b) She stole it

c) Mrs. Maria bought her the dress

7. Where did Sara hide the dress?

a) Under the bed

b) In a suitcase

c) In a closet

8. Why did Sara decide to tell Mrs. Maria about everything?

a) She felt bad about it

b) Her friend found her secret

c) She lost the dress

9. Why did Sara have to pay for the dress?

a) The dress had stains

b) The dress didn't have a price tag

c) Mrs. Maria wanted her to pay for it

Odpowiedzi

1. W domu dziecka

2. Często zaczynała kłótnie

3. Została zawieszona z powodu bójki

4. Sukienkę

5. Nie miała pieniędzy

6. b

7. a

8. a

9. b

Answers

1. In the orphanage

2. She often started an argument

3. She got suspended because of a fight

4. A dress
5. She didn't have any money
6. b
7. a
8. a
9. b

Chapter 9 – Zaginione dziecko [A missing child]

Było już bardzo późno. Mateusz wsiadł do samochodu i pojechał do centrum miasta. Musiał **iść** do supermarketu, do banku i **wysłać list** na poczcie. Był już spóźniony. Weronika, jego żona już czekała na niego w domu. O dziewiętnastej mieli przyjść **goście**.

It was late. Matthew got inside his car and drove to the city center. He had to go to the supermarket, to the bank, and send a letter to the post office. He was already late. Weronika, his wife, was already waiting for him at home. Guests were coming at 7 PM.

Mateusz **pospiesznie** wszedł do supermarketu. Przechodząc przez **dział z produktami dla dzieci** zauważył kobietę. Była **w ciąży**.

Matthew quickly went inside the supermarket. As he was walking through the children's section, he saw a woman. She was pregnant.

Mateusz poczuł smutek. Od kilku miesięcy starali się z żoną o dziecko. **Bezskutecznie**. Przypomniały mu się słowa lekarza podczas ostatniej wizyty:

Matthew felt very sad. They had tried to have kids for months. Unsuccessfully. He remembered the doctor's words during the last appointment:

"Przykro mi. Nie może mieć pan dzieci. Nie możemy nic zrobić."

"I'm sorry. You can't have kids. We can't do anything about it."

Po tamtej wizycie Mateusz był załamany. Tak bardzo chcieli mieć dziecko. Nie był jeszcze gotowy na **adopcję**. Musiał przemyśleć sobie kilka spraw i przełamać się. Nie było mu łatwo.

Since that appointment, Matthew had been broken. His wife and he wanted to have kids so badly. He wasn't ready for adoption. He had to cope with the problem and figure things out in the first place. It wasn't easy for him.

Mateusz wyszedł z supermarketu i pojechał wysłać list. Podczas stania w kolejce wyjrzał przez okno i zauważył na **chodniku** małą dziewczynkę. Miała na sobie **kolorowy sweter** z **pingwinem**. Wyglądała na zagubioną.

Matthew left the supermarket and went to the post office to send the letter. While standing in line, he looked through the window and noticed a little girl standing on the sidewalk. She was wearing a colorful sweatshirt with a penguin. She seemed lost.

Pewnie czeka na mamę lub tatę, pomyślał.

She's waiting for her mom or dad, he thought.

Jednak nikt nie przychodził. Żaden z **przechodniów** nie zatrzymał się i nie spytał dziewczynki dlaczego tam stoi. Po wyjściu z budynku poczty Mateusz postanowił dowiedzieć się dlaczego dziewczynka stała sama.

But no one was coming. None of the passers-by stopped and asked the girl why she was standing there. After walking out of the post office, Matthew decided to find out why the girl was standing alone.

"Cześć. Jestem Mateusz. Dlaczego stoisz tutaj sama? Gdzie są twoi rodzice?" zapytał.

"Hi. I'm Matthew. Why are you here alone? Where are your parents?" he asked.

Dziewczynka spojrzała się na niego i nic nie odpowiedziała.

The girl looked at him and didn't say anything.

"Czy mogę ci jakoś pomóc? Może razem znajdziemy mamę?" zapytał Mateusz.

"Can I help you? Why don't we find your mom together?" Matthew asked.

"Jestem sama. Zgubiłam rodziców w centrum handlowym i nie wiem gdzie są. Na pewno mnie szukają. A ja przyszłam tutaj i nie wiem co robić," odpowiedziała dziewczynka.

"I'm here alone. I lost my parents at the shopping center, and I don't know where they are. They are looking for me. And I came here, and I don't know what to do," the girl said.

"Jak masz na imię?" zapytał Mateusz.

"What's your name?" Matthew asked.

"Jestem Kasia," odpowiedziała.

"I'm Katie," she said.

"Chodź ze mną. Poszukamy twoich rodziców," powiedział Mateusz.

"Come with me. Let's find your parents," Matthew said.

Jednak dziewczynka zaczęła zachowywać się dziwnie. Nie chciała iść szukać rodziców.

But the girl started to act strange. She didn't want to look for her parents.

"Proszę pana. Moi rodzice na pewno mnie szukają. Może Pan odwiózłby mnie do domu? Tam jest moja **babcia**. Ona zadzwoni do moich rodziców, aby się nie martwili," odpowiedziała Kasia.

"Mister, I'm sure my parents are looking for me right now. Maybe you could drive me home? My grandma is there. She'll call my parents so that they will stop worrying about me," Katie said.

Mateusz był zaskoczony. Było to dla niego bardzo dziwne, ale postanowił zabrać dziewczynkę ze sobą.

Mateusz was surprised. He considered it weird, yet he decided to take the girl with him.

Podczas jazdy samochodem Mateusz postanowił zapytać dziewczynkę gdzie jest jej dom.

While driving, Matthew decided to ask the girl where her house was.

"Gdzie mieszkasz?"

"Where do you live?"

Dziewczynka była zmieszana.

The girl got confused.

"Tam, za miastem. Na ulicy Słonecznej," odpowiedziała.

"There, outside the city. Słoneczna street," she said.

Mateusz był jeszcze bardziej zdziwiony. On też mieszkał z żoną na ulicy Słonecznej! Nigdy wcześniej nie widział tej dziewczynki. Postanowił jednak pojechać. I tak jechał w tamtym kierunku, aby wrócić do domu.

Matthew was even more surprised. His wife and he lived on Słoneczna street! He had never seen the girl before. Still, he decided to go there. After all, he was driving in the same direction to go back home.

Po dojechaniu na ulicę Słoneczną Mateusz postanowił zapytać dziewczynkę o dokładny adres.

After arriving at Słoneczna street, Matthew decided to ask the girl about the exact address.

"Jesteśmy. To gdzie jest twój dom?" zapytał.

"Here we are. So where is your house?" he asked.

"O tam, **na końcu ulicy**," odpowiedziała Kasia.

"There, at the end of the street," Katie said.

Jednak, kiedy Mateusz dotarł na koniec ulicy dziewczynka nie wysiadła z samochodu. Mateusz był już bardzo zmieszany.

However, when they stopped at the end of the street, the girl didn't get out of the car. Matthew was already very confused.

"To gdzie jest twój dom?" zapytał.

"So where is your house?" he asked.

Dziewczynka jednak nic nie odpowiedziała. Siedziała i nic nie mówiła. Nagle ciszę przerwał głos dochodzący z **radia:**

The girl didn't say anything. She was sitting quietly. Suddenly, the silence was broken by a speaker's voice coming from the car radio:

"Uwaga. Podajemy fakty. Dziś rano o godzinie ósmej zaginęła podopieczna z **domu dziecka**. W momencie zaginięcia miała na sobie kolorowy sweter z pingwinem. Jeśli wiesz coś o zaginięciu, zadzwoń pod numer 567 453 098."

"Attention. Here's the news. Today at 8 AM, a child from the orphanage went missing. She was wearing a colorful sweatshirt with a penguin. If you know something, please call 567 453 098."

Mateusz spojrzał najpierw na Kasię, później na jej sweter i nie mógł uwierzyć. To była ona. To ona zniknęła z domu dziecka i wszyscy jej szukają.

Matthew looked at Katie and then at her sweatshirt. He couldn't believe it. It was her. She went missing, and now everybody's looking for her.

"To ty? Ale... dlaczego?" zapytał Mateusz.

"Is it you? But... why?" Matthew asked.

Kasia rozpłakała się. Po chwili zaczęła mówić.

Katie started to cry. After a while, she started speaking.

"Przepraszam proszę pana. Ja nie chciałam uciec. Moi rodzice zginęli w **wypadku samochodowym**. Nie chce wracać do domu dziecka."

"I'm sorry. I didn't want to escape from the orphanage. My parents died in a car accident. I don't want to go back to the orphanage."

Mateusz bardzo współczuł Kasi. Wiedział jednak, że musi ją odwieźć do domu dziecka, bo wszyscy jej szukali.

Matthew felt really sorry for Katie. Yet, he knew that he had to take her to the orphanage since everyone was looking for her.

"Bardzo mi przykro. Muszę jednak zawieźć cię do domu dziecka. Wszyscy cię szukają," powiedział Mateusz.

"I'm really sorry. I have to take you back to the orphanage. Everybody's looking for you," Matthew said.

Kasia rozpłakała się jeszcze bardziej.

Katie started to cry even more.

"Kochanie, obiecuję, że zrobię co w mojej mocy, abyś nie musiała tam mieszkać, dodał Mateusz.

"Honey, I promise I will do my best to get you out of there," Matthew said.

Po odstawieniu dziewczynki do domu dziecka Mateusz był **wzruszony**. Dziewczynka była bardzo miła. Zrobiło mu się jej żal.

After leaving the girl in the orphanage, Matthew was touched. The girl was so nice. He felt really sorry for her.

"Cóż za straszna sytuacja. Kasia miała kochających rodziców, którzy zginęli w wypadku. Ona tak bardzo pragnie mieć rodziców. A my tak bardzo pragniemy dziecka..."

"What a terrible situation. Katie had loving parents and they died in a car accident. She wants to have real parents so badly. And we want to have a child so badly..."

W tamtej chwili Mateusz wiedział, że jest gotowy na adopcję dziecka. Po powrocie do domu opowiedział swojej żonie o całej sytuacji i o Kasi. Weronika **bez wahania** zgodziła się na adopcję.

At that moment, Matthew knew that he was ready for adoption. After returning home, he told his wife about the whole situation and about Katie. Weronika agreed to adoption without hesitation.

W ciągu kilku tygodni Mateusz i Weronika spełnili wszystkie **wymagania** dotyczące adopcji i zabrali Kasię do swojego domu.

In a few weeks, Matthew and Weronika fulfilled all requirements for adoption and took Katie home.

"Widzisz? Teraz naprawdę mieszkasz na ulicy Słonecznej. To twój nowy dom," powiedział Mateusz.

"You see? Now you really live on Słoneczna street. It's your new home," Matthew said.

Dziewczynka była szczęśliwa. Był to dla niej pierwszy szczęśliwy dzień odkąd straciła swoich rodziców.

The girl was happy. It was the first happy day for her since losing her parents.

Mateusz i Weronika byli wspaniałymi rodzicami. Troszczyli się o Kasie jak najlepiej umieli. Kasia również była wspaniałym dzieckiem. Pomimo tego, że ucieczka z domu dziecka nie była dobrą rzeczą, nie żałowała. W końcu odnalazła nowych rodziców i mowy dom.

Matthew and Weronika were great parents. They took care of Katie the best they could. Katie was a great kid. Although escaping from the orphanage wasn't a good thing, she didn't regret that. She finally found new parents and a new home.

Streszczenie

Mateusz mieszkał ze swoją żoną Weroniką na obrzeżach miasta. Para nie mogła mieć dzieci. Pewnego dnia Mateusz pojechał do miasta, aby zrobić zakupy I wysłać list na poczcie. Kiedy Mateusz był na poczcie zauważył małą dziewczynkę, która stała na chodniku. Dziewczynka powiedziała, że się zgubiła I jej rodzice martwią się o nią. Miała na imię Kasia. Poprosiła Mateusza, aby odwiózł ją do domu. Okazało się, że Kasia mieszkała na tej samej ulicy, co Mateusz. Kiedy Mateusz dojechał na miejsce Kasia nie wiedziała gdzie jest jej dom I rozpłakała się. W tym samym czasie Mateusz usłyszał głos z radia mówiący, że mała dziewczynka uciekła z domu dziecka. To była Kasia. Mateusz postanowił odwieźć ją do domu dziecka. Po kilku tygodniach Mateusz I Weronika adoptowali Kasię. Byli wspaniałymi rodzicami, a Kasia była wspaniałym dzieckiem.

Summary

Matthew lived with his wife, Weronika, in the suburbs. The couple wasn't able to have children on their own. One day, Matthew went to the city to do some shopping and send a letter to the post office. While he was at the post office, he saw a little girl who was standing on the sidewalk. The girl told him that she had got lost and her parents were worried about her. Her name was Katie. She asked Matthew to drive her home. It turned out that Katie had been living on the same street as Matthew. When Matthew reached the destination, Katie didn't know where her house was, and she started crying. At the same time, Matthew heard a voice from the car radio that said that a little girl had escaped from an orphanage. It was Katie. Matthew decided to take Katie to the orphanage. After a few weeks, Matthew and Weronika adopted Katie. They were great parents, and Katie was a great child.

Vocabulary

Wysyłać list – to send a letter

Goście – guests

Dział z produtami dla dzieci – children's section

Bezskutecznie – unsuccessfully

Adpocja – an adoption

Chodnik – a sidewalk

Kolorowy sweter – a colorful sweater

Pingwin – a penguin

Przechodzeń – a passer-by

Babcia – a grandma

Na końcu ulicy – at the end of the street

Radio – radio

Dom dziecka – an orphanage

Wypadek samochodowy – a car accident

Wzruszony – touched

Bez wahania – without hesitation

Wymagania – requiremens

Pytania

1. Jak miała na imię żona Mateusza?

2. Dlaczego Mateusz pojechał do miasta?

3. Gdzie Mateusz zauważył Kasię?

4. Co miała na sobie Kasia?

5. W jaki sposób Kasia okłamała Mateusza?

6. W jaki sposób Mateusz dowiedział się prawdy o Kasi?

a) Usłyszał o tym w radio

b) Kasia mu powiedziała

c) Powiedział mu o tym jego żona

7. Jak zginęli rodzice Kasi?

a) Byli chorzy na raka

b) W wypadku samochodowym

c) Popełnili samobójstwo

8. Co zrobił Mateusz zaraz po odkryciu prawdy o Kasi?

a) Odwiózł ją do domu dziecka

b) Ukrył ją w swoim domu

c) Zabrał ją do szpitala

9. Co zrobili Mateusz i Weronika kilka tygodni po spotkaniu Kasi?

a) Zapomnieli o niej

b) Przywieźli jej prezent

c) Adoptowali ją

Questions

1. What was the name of Matthew's wife?

2. Why did Matthew go to the city?

3. Where did Matthew notice Katie?

4. What was Katie wearing?

5. How did Katie lie to Matthew?

6. How did Matthew discover the truth?

a) By hearing the news from the radio

b) Katie told him the truth

c) His wife told him the truth about Katie

7. How did Katie's parents die?

a) They suffered from cancer

b) They had a car accident

c) They committed suicide

8. What did Matthew do immediately after discovering the truth about Katie?

a) He took her to the orphanage

b) He hid her in his house

c) He took her to a hospital

9. What did Matthew and Weronika do a few weeks after meeting Katie?

a) They forgot about Katie

b) They brought Katie a present

c) They adopted Katie

Odpowiedzi

1. Weronika
2. Musiał zrobić zakupy i wysłać list
3. Na poczcie
4. Kolorowy sweter z pingwinem
5. Powiedziała, że mieszkała z rodzicami i babcią
6. a
7. b
8. a
9. c

Answers

1. Weronika
2. He had to do the shopping and send a letter
3. At the post office
4. A colorful sweater with a penguin
5. She said that she had been living with her parents and her grandma
6. a
7. b
8. a
9. c

Chapter 10 – Szczęście w nieszczęściu [Blessing in disguise]

"Chodźcie, zaraz rozpoczyna się wasz ulubiony **teleturniej!**" powiedziała Gosia do swoich rodziców.

"Come on, your favorite quiz show is about to start!" said Gosia to her parents.

"Zobaczcie, dzisiaj **uczestnik** może wygrać aż 10 000 złotych!" Gosia była podekscytowana. Wraz z rodzicami uwielbiała oglądać teleturnieje. Jej rodzice kochali rozwiązywać **krzyżówki** i kupować **zdrapki.**

"Look, today the participant can win even 10,000 złoty!" Gosia was excited. She loved watching quiz shows with her parents. Her parents loved solving puzzles and buying scratch cards.

W czasach dzieciństwa tata zawsze przynosił Gosi losy i zdrapki z supermarketu. Gosia kochała ten **dreszczyk emocji.** Uwielbiała brać udział w różnych **konkursach.** Często wygrywała pieniądze oraz różne rzeczy. Jej rodzice również kochali konkursy. Pewnego razu mama Gosi wygrała samochód na **loterii.** Cała rodzina pamiętała to przez długi czas.

In her childhood, her father always brought Gosia scratch cards from the supermarket. She loved that thrill of excitement. She loved taking part in competitions. She used to win money and other stuff. Her parents loved competitions too. One day, Gosia's mom won a car! The entire family remembered that day for a long time.

Tego dnia jednak rodzina postanowiła obejrzeć ich ulubiony teleturniej.

That day, the family decided to watch their favorite game show.

"Po pierwsze, obiad!" krzyknęła mama i dodała, "Dziś niestety mamy **zupę błyskawiczną**. Nie miałam czasu nic ugotować."

"But first, dinner!" the mom exclaimed and added, "Today, we have only some instant noodles. I didn't have time to cook anything."

"Nic się nie stało mamo. Uwielbiam zupkę błyskawiczną. Kocham ten **smak**," powiedziała Gosia.

"It's okay, Mom. I love instant noodles. I love that flavor," Gosia said.

"Właśnie się zaczyna," powiedział tata.

"It's beginning," her dad said.

Zupa była błyskawiczna i tania, ale bardzo smaczna. Gosia zaczęła oglądać **paczkę**.

Although the soup was fast and cheap, it tasted great. Gosia started to look through the package.

"Widzicie? Tu jest napisane, że można znaleźć **złotą monetę** w środku paczki. Ten kto ją znajdzie może ją zatrzymać. Ponadto, ten kto ją znajdzie wygra milion złotych i wczasy All Inclusive!" powiedziała Gosia trzymając paczkę zupki.

"You see? It says that you can find a gold coin inside the package. The one who finds it can keep it. Moreover, the one who finds it wins a million zlotys and an all-inclusive holiday!" said Gosia, holding the soup packaging.

"A cóż to za dziwny konkurs? Złoto w zupce błyskawicznej?" rodzice Gosi roześmiali się.

"What a weird offer. A gold coin inside instant noodles?" Gosia's parents started to laugh.

"Dziwny. Ale, nieważne. Tutaj nic nie ma," powiedziała Gosia, zaglądając do paczki.

"Weird, but nevermind. There's nothing in here," said Gosia, looking inside the packaging.

Rodzina zabrała się do jedzenia. Po chwili jednak Gosia zaczęła **kaszleć**.

The family started to eat. However, after a moment, Gosia started coughing.

"Co ci się stało kochanie?" powiedziała mama.

"What happened, honey?" the mom said.

Rodzice Gosi byli zaniepokojeni. Dziewczyna zaczęła się **dusić**. Jej twarz zrobiła się czerwona. Gosia **upadła na podłogę**.

Gosia's parents were worried about her. The girl started to choke. Her face got red. She fell on the floor.

"Dzwoń na **pogotowie**!" krzyknęła mama.

"Call the ambulance!" the mom exclaimed.

Podczas gdy ojciec dzwonił na pogotowie, mama Gosi próbowała jej pomóc. Karetka zjawiła się po kilku minutach.

While the father was calling the ambulance, Gosia's mom tried to help her. The ambulance arrived in a few minutes.

"Co się stało?" zapytał sanitariusz.

"What happened?" the paramedic asked.

"Nie mam pojęcia. Nasza córka jadła obiad i nagle zaczęła się dusić. Ma **alergię pokarmową**," powiedziała mama.

"I have no idea. Our daughter was eating dinner, and suddenly she started to choke. She has a food allergy," Gosia's mom said.

"Jest **nieprzytomna**. Musimy jak najszybciej zabrać ją do szpitala," powiedział sanitariusz.

"She's unconscious. We have to take her to the hospital as quickly as possible," the paramedic said.

Karetka zabrała Gosię do szpitala. Rodzice byli bardzo zmartwieni. Gosia cierpiała na alergię pokarmową, ale nigdy wcześniej nie miała takich **objawów**. Czasami dostawała **wysypki** lub bolała ją głowa. Ale nigdy, przenigdy nie dusiła się.

The ambulance took Gosia to the hospital. Her parents were worried. Gosia had been suffering from a food allergy, yet she had never had such symptoms. Sometimes, she got a rash or she had headaches. But she'd never ever been choking so badly.

Rodzice postanowili pojechać do szpitala za karetką. Byli bardzo zdenerwowani. Bali się o swoją córkę. Po kilku godzinach spędzonych w szpitalu w końcu przyszedł do nich lekarz.

The parents decided to follow the ambulance. They were really concerned about their daughter. Thy were scared. After a few hours spent at the hospital, the doctor finally came to them.

"Wasza córka obudziła się. Musieliśmy podać jej **zastrzyk**. Wszystko już jest okej," powiedział lekarz.

"Your daughter has woken up. We had to give her an injection. Now everything's okay," the doctor said.

"Ale co się stało?" spytała mama.

"But what happened?" the mom asked.

"Córka faktycznie ma alergię pokarmową. Ale to nie to było powodem **zachłyśnięcia**," odpowiedział lekarz.

"Indeed, your daughter suffers from a food allergy. But it wasn't the reason for choking," the doctor answered.

"To co się stało w takim razie?" zapytał ojciec Gosi. Rodzice byli zmieszani.

"So what happened, then?" Gosia's dad asked. The parents were confused.

"Znaleźliśmy w jej **przełyku** złotą monetę. Czy wiedzą może państwo jak się tam znalazła?" zapytał lekarz.

"We found a gold coin in her gullet. Do you have any idea how this thing got there?" the doctor asked.

"Nie mogę w to uwierzyć!" krzyknęła mama. "Nie mogę w to uwierzyć!"

"I can't believe it!" the mom exclaimed. "I can't believe it!"

Po kilku minutach rodzice postanowili wejść do sali, gdzie leżała ich córka.

After a few minutes, the parents decided to enter the room where their daughter was resting.

"Cześć, kochanie!" powiedziała mama.

"Hi, honey!" the mom said.

"Mamo, tato... co się stało?" zapytała Gosia. Była bardzo zmęczona. "Czy moja alergia pokarmowa się **pogorszyła**?" dodała.

"Mom, dad... what happened?" Gosia asked. She was really tired. "Has my food allergy gotten worse?" she asked.

"Nie, kochanie. To coś innego," odpowiedział ojciec.

"No, honey. It was something different," her father said.

"Prawdziwe szczęście w nieszczęściu," dodała mama.

"Truly a blessing in disguise," her mom added.

"Nie rozumiem. Co tak naprawdę się stało?" Gosia była zmieszana.

"I don't understand. What really happened?" Gosia was confused.

"Kochanie, w twojej zupie była złota moneta. Nie poczułaś jej i **połknęłaś ją**. **Utknęła** ci w przełyku. Lekarze już ją wyciągnęli," odpowiedział ojciec.

"Honey, you had a gold coin in your soup. You didn't feel it in your mouth and you swallowed it. It got stuck in your gullet. The doctors have already taken it out," the father said.

Gosia nie mogła w to uwierzyć. To była moneta z loterii.

Gosia couldn't believe it. It was the coin from the lottery.

Po wyjściu ze szpitala Gosia otrzymała monetę. Od razu skontaktowała się z firmą produkującej zupki i pokazała im monetę. Gosia wygrała milion złotych i wczasy! Pomimo tego, że nie była to do końca szczęśliwa wygrana, Gosia była zadowolona. To było prawdziwe szczęście w nieszczęściu.

After leaving the hospital, Gosia got the coin back. She immediately contacted the soup company and showed them the gold coin. Gosia won a million zlotys and holidays! Although it wasn't a lucky win, Gosia was happy. It was truly a blessing in disguise.

Streszczenie

Gosia mieszkała ze swoimi rodzicami. Jej rodzice uwielbiali brać udział w konkursach I kupować zdrapki. Tata zawsze przynosił Gosi zdrapki z supermarketu. Gosia też uwielbiała brać udział w konkursach. Pewnego dnia rodzina oglądała teleturniej. Mama Gosi przygotowała błyskawiczną zupę na obiad. Gosia przeczytała na opakowaniu, że w opakowaniu można znaleźć złotą monetę. Ten kto ją znalazł mógł wygrać milion złotych i wczasy. W opakowaniu jednak nic nie było. Po chwili Gosia zaczęła się dusić. Rodzice zadzwonili na pogotowie I Gosia została zabrana do szpitala. Po kilku godzinach lekarze powiedzieli rodzicom, że znaleźli w przełyku Gosi złotą monetę. Rodzice nie mogli uwierzyć. Powiedzieli o wszystkim Gosi. Gosia zatrzymała monetę I wygrała milion złotych.

Summary

Gosia lived with her parents. Her parents loved taking part in lotteries and buying scratch cards. Her dad had always brought Gosia some scratch cards from a supermarket. Gosia also loved taking part in lotteries. One day, the whole family was watching a game show. Gosia's mom prepared some instant noodles for dinner. Gosia read on the packaging that there could be a gold coin inside. The one who found it won one million zlotys and holidays. There was nothing inside Gosia's packaging. After a while, Gosia started choking. Her parents called an ambulance, and Gosia was taken to the hospital. After a few hours, the doctors told Gosia's parents that there was a gold coin inside Gosia's gullet. Her parents couldn't believe it. They told Gosia about everything. Gosia kept the coin, and she won one million zlotys.

Vocabulary

Teleturniej – a quiz how

Uczestnik – a participant

Krzyżówki – puzzles

Zdrapki – scratch cards

Dreszczyk emocji – the thrill of excitement

Loteria – a lottery

Zupa błyskawiczna – instant noodles

Smak – flavor

Paczka – a packaging

Złota moneta – a golden coin

Kaszleć – to cough

Dusić się – to choke

Upaść na podłoge – to fall on the floor

Pogotowie – an ambulance

Alergia pokarmowa – food allergy

Nieprzytomny – unconscious

Objawy – symptoms

Wysypka – rash

Zastrzyk – an injection

Przełyk – a gullet

Pogorszyć się – to get worse

Połknąć – to swallow

Utknąć – to get stuck

Pytania

1. Jakie hobby miała Gosia?

2. Co przynosił Gosi jej ojciec z supermarketu?

3. Co robiła Gosia I jej rodzice podczas jedzenia obiadu?

4. Co rodzina Gosi miała na obiad?

5. Co stało się z Gosią po zjedzeniu zupy?

a) Wymiotowała

b) Zaczęła się dusić

c) Dostała wysypki

6. Na co chorowała Gosia?

a) Alergię pokarmową

b) Raka

c) Depresję

7. Co znaleźli lekarze w przełyku Gosi?

a) Kamień

b) Złotą monetę

c) Plastikowy guzik

8. Co Gosia zrobiła po wyjściu ze szpitala?

a) Skontaktowała się z firmą produkującą zupki

b) Pojechała do domu

c) Poszła do szkoły

9. Co wygrała Gosia?

a) Samochód

b) Zegarek

c) Pieniądze i wczasy

Questions

1. What was Gosia's hobby?

2. What did Gosia's dad used to bring her from the supermarket?

3. What were Gosia and her parents doing while eating dinner?

4. What did Gosia and her parents have for dinner?

5. What happened with Gosia after eating the soup?

a) She vomited

b) She started to choke

c) She got a rash

6. What was Gosia's illness?

a) Food allergy

b) Cancer

c) Depression

7. What did the doctors find in Gosia's gullet?

a) A stone

b) A golden coin

c) A plastic button

8. What did Gosia win?

a) A car

b) A watch

c) Money and a holiday

Odpowiedzi

1. Udział w konkursach, zdrapki

2. Zdrapki

3. Oglądali teleturniej

4. Zupkę błyskawiczną

5. b

6. a

7. b

8. c

Answers

1. Taking part in competitions and lotteries, scratch cards

2. Scratch cards

3. They were watching a game show

4. Instant noodles

5. b

6. a

7. b

8. c

Chapter 11 – Incognito
[Incognito]

Agnieszka wysłała ostatni e-mail i wyłączyła komputer.

Agnes sent the last email and switched off the computer.

Weekend. Nareszcie. Czas na **odpoczynek***,* pomyślała i zamknęła drzwi biura. Był ciepły, **słoneczny** dzień, więc Agnieszka postanowiła nie spieszyć się do domu. W końcu mogła **odetchnąć** po ciężkim tygodniu w pracy.

Weekend. Finally. It's time to relax, she thought and closed the office door. It was a hot summer day, so Agnes decided not to rush home. She could finally get some rest after a long and hard week at work.

Jej biuro było w centrum miasta, dlatego postanowiła przejść się po starym mieście i zjeść jej ulubione **lody.** Siedząc w **restauracyjnym ogródku** usłyszała gitarę i śpiew.

Her office was located in the city center, so she decided to take a walk in the old town and eat her favorite ice cream. As she was sitting in the restaurant garden, she heard someone playing guitar and singing.

To na pewno on, pomyślała.

It has to be him, she thought.

Tak. To był on. **Grajek,** którego słyszała codziennie.

Yes. It was him. The musician she had been hearing every day.

Tego dnia miała dużo czasu. Powoli jadła lody i wsłuchiwała się w muzykę. Muzyk wyglądał **dziwacznie.** Przypominał trochę **bezdomnego.** Miał długą **brodę** i **wąsy,** długie włosy. Był ubrany w stare, **znoszone** dżinsy oraz T-shirt. Po chwili Agnieszka zauważyła **dziury** w jego bluzce.

That day, she had a lot of time. She was eating the ice cream slowly, and she was enjoying the music. The musician looked peculiar. He looked like a homeless man. He had a long beard, mustache, and long hair. He was wearing old, worn-out jeans and a T-shirt. After a while, Agnes noticed holes in his T-shirt.

On jednak **nie przejmował się.** Grał dalej, a jego głos brzmiał jak głos Agnieszki ulubionego artysty z radia.

However, he didn't care. He was playing on, and his voice sounded like the voice of Agnes' favorite artist from the radio.

Po kilku chwilach wokół muzyka zebrał się **tłum ludzi.** Wszyscy słuchali tego tajemniczego gościa i **nagrywali go.**

After a few moments, a crowd gathered around the musician. Everyone was listening to that mysterious man, and everyone was filming him.

Szkoda mi go. Ma taki talent i tak piękny głos. Wygląda na biednego i bezdomnego, pomyślała Agnieszka.

I'm really sorry for him. He's got great talent and a beautiful voice. He looks like a poor and homeless man, Agnes thought.

Kobieta szybko zjadła lody i podeszła do muzyka. Wrzuciła do **gitarowego futerału** kilka monet i postanowiła jeszcze chwilę go posłuchać. Muzyk wyglądał bardzo znajomo...

The woman ate her ice cream quickly and approached the musician. She threw some coins into his guitar case and decided to stay a little longer and listen to him. The musician looked familiar...

To zwykły **zbieg okoliczności.** *To niemożliwe,* pomyślała Agnieszka.

It has to be a pure coincidence. It's impossible, Agnes thought.

Muzyk przypominał jej ulubionego piosenkarza. Agnieszka poczuła się dziwnie. Tylko jej idol posiadał **charakterystyczne, jasnoniebieskie** oczy. Ten muzyk miał takie same.

The musician looked like her favorite artist. Agnes felt strange. Only her idol had so characteristic light blue eyes. That musician's eyes looked exactly the same.

Ale ta broda... i te ubrania... To musi być ktoś inny, pomyślała.

But that beard... and these clothes... It has to be someone else, she thought.

Agnieszka tak długo wsłuchiwała się w koncert, że nie zorientowała się że było już ciemno i późno. Wszyscy ludzie dookoła **rozeszli się**. Została tylko ona i muzyk.

Agnes had listened to the concert for so long that she didn't realize that it had got dark and late. The crowd dispersed. Only her and the musician were still standing there.

"A to był ostatni **utwór** na dziś. Dziękuję bardzo," powiedział muzyk do mikrofonu. Po chwili zaczął pakować swoją gitarę oraz swój sprzęt.

"It was the last song. Thank you very much," the musician said to the microphone. After a while, he started to pack his guitar and his gear.

Agnieszka postanowiła podejść do muzyka i podziękować mu za świetny koncert.

Agnes decided to come closer and thank the musician for a great concert.

"Cześć. Jestem Agnieszka. To był naprawdę świetny koncert. Bardzo lubię słuchać jak grasz," powiedziała.

"Hi. I'm Agnes. It was a really great concert. I really enjoy listening to you," she said.

"Cześć. Dzięki. Miło cię poznać. Jestem Artur," odpowiedział muzyk.

"Hi. Thanks. Nice to meet you. I'm Artur," the musician said.

"Wiesz... pracuję niedaleko stąd. Tam jest moje biuro." Agnieszka wskazała swoim palcem na ulicę. "Codziennie słyszę jak grasz. Naprawdę uwielbiam cię słuchać. Przypominasz mi mojego ulubionego **idola** Filipa Lewandowskiego. Jest świetnym artystą. Mam wszystkie jego **płyty**," dodała Agnieszka.

"You know... I work over there. My office is right there." Agnes pointed with her finger. "Every day I hear you play. I really like listening to your music. You remind me of my idol, Filip Lewandowski. He's a great artist. I have all his records," Agnes said.

"Serio? Też uwielbiam Filipa Zalewskiego. Byłem ostatnio na jego koncercie. Świetnie gra. Mam nadzieję, że kiedyś będę grał tak jak on," odpowiedział Artur.

"Really? I like Filip Lewandowski too. I was at his concert recently. He plays really well. I hope I will play as good as him one day," Artur said.

"Ale ty przecież grasz tak jak on! Masz taki sam głos. Może wyglądasz troszkę inaczej, masz brodę i długie włosy... ale masz takie same oczy. Ten kolor jest bardzo **rzadki**," powiedziała Agnieszka.

"But you already play as good as him! You have the same voice. Maybe you look different, you have a beard and a mustache... but you have the same eyes. That color is very rare," Agnes said.

"Dzięki. Miło mi to słyszeć," odpowiedział Artur.

"Thanks. Nice to hear that," Artur said.

Agnieszka postanowiła zadać **niewygodne** pytanie.

Agnes decided to ask an inconvenient question.

"Przepraszam, że pytam, ale... czy ty jesteś bezdomny? Potrzebujesz pomocy? Widziałam, że ludzie nie wrzucili ci dziś dużo pieniędzy do twojego futerału. Może potrzebujesz czegoś? Nie zrozum mnie źle... Czasem widzę muzyków, którzy grają tylko dlatego, że potrzebują pieniędzy. Chcę tylko pomóc," powiedziała Agnieszka.

"I'm sorry I'm asking but... are you homeless? Do you need help? I saw that people didn't throw much money to your guitar case.

Maybe you need something? Don't get me wrong... Sometimes I see musicians who play only because they need some money. I only want to help," Agnes said.

Artur był zmieszany. Nie wiedział co powiedzieć. Przez chwilę Agnieszka bała się, że **uraziła** muzyka.

Artur was confused. He didn't know what to say. Agnes was afraid that she could hurt the musician.

"Nie... nie jestem bezdomny. Gram, bo kocham muzykę," odpowiedział muzyk.

"No... I'm not homeless. I play because I love music," the musician said.

Agnieszka czuła jednak, że coś było nie tak. Po pytaniu o pieniądze Artur był bardzo zmieszany. Zaczął zachowywać się bardzo dziwnie.

However, Agnes felt that something was wrong. After asking Artur about the money, he got confused. He started to act strange.

"Coś nie tak? Uraziłam cię? Jeśli tak to bardzo przepraszam. Chyba coś jest nie tak," powiedziała Agnieszka.

"Something wrong? Did I hurt you? If so, I'm really sorry. I see something's wrong," Agnes said.

"Nie... wszystko jest ok," odpowiedział muzyk. Po chwili jednak odezwał się jeszcze raz.

"No... everything's okay," the musician said. After a while, he started to speak.

"Wiesz co... **powiem ci prawdę**. Nie jestem Artur. Skłamałem. Przepraszam."

"You know what... I'll tell you the truth. I'm not Arthur. I lied to you. I'm sorry."

Agnieszka nie wiedziała co powiedzieć. Muzyk kontynuował.

Agnes didn't know what to say. The musician continued.

"Udało ci się dostrzec **podobieństwo** do Filipa. Ale tak naprawdę nie jestem do niego podobny. To ja. Filip Lewandowski."

"You've managed to notice the resemblance to Filip. The truth is, I don't look like him. It's me. Filip Lewandowski."

Agnieszka nie mogła uwierzyć.

Agnes couldn't believe it.

"Ale dlaczego? Dlaczego przedstawiłeś się jako Artur? Dlaczego grasz tutaj? I ta broda, długie włosy. Nie rozumiem." Agnieszka nie mogła ukryć zaskoczenia.

"But why? Why did you say you were Artur? Why do you play here? And that beard, long hair. I don't understand." Agnes couldn't hide her surprise.

"To **sztuczna** broda," powiedział muzyk i **odkleił** brodę. Po chwili ściągnął także **perukę.**

"The beard's fake," the musician said and detached the beard. He took off the wig too.

"Nadal nie rozumiem," powiedziała Agnieszka i dodała „Czy to jest jakieś reality show? Czy ja jestem w **ukrytej kamerze**?"

"I still don't understand," said Agnes and added "Is it a reality show? Is there a hidden camera here?"

Filip roześmiał się.

Filip started to laugh.

"Nie. Nic z tych rzeczy. Ja po prostu lubię koncertować incognito. Lubię kiedy ludzie słuchają mnie i **podziwiają** mój talent, nie mój **wygląd**. Dlatego udaję kogoś innego i zakładam perukę i sztuczną brodę. Nie chcę, aby ktoś mnie poznał," odpowiedział.

"No. Nothing like this. I just like performing incognito. I really like when people listen to me and appreciate my talent, not my physical appearance. That's why I pretend to be someone else, and I wear a wig and a fake beard. I don't want to be recognized by anyone," he said.

Agnieszka w końcu zrozumiała. Jednak nadal nie mogła uwierzyć. Rozmawiała ze swoim idolem!

Agnes finally understood, yet she still couldn't believe it. She was talking to her idol!

"Jesteś moim idolem. Uwielbiam cię słuchać. Mam wszystkie twoje płyty," powiedziała.

"You're my idol. I love listening to your music. I have all your records," she said.

"Dziękuję. Jesteś wspaniałą osobą. Doceniasz mój talent. Nie wiedziałaś, że to ja, a mimo to podeszłaś do mnie i powiedziałaś mi, że dałem świetny koncert. Chciałbym, abyś przyjechała na mój kolejny koncert. Tym razem już jako Filip Lewandowski. Oczywiście dostajesz darmowy bilet i miejsce na bekstejdżu," odpowiedział Filip.

"Thank you. You're an amazing person. You appreciate my talent. You didn't know it was me, and still, you approached me, and you said that I'd played an amazing concert. I'd like you to come to my concert. But this time, I will perform as Filip Lewandowski. Of course, you get a free ticket and a place backstage," Filip said.

Agnieszka nie mogła uwierzyć. To było jak spełnienie marzeń. Od tamtego dnia jej idol stał się jej przyjacielem. Agnieszka chodziła na każdy koncert i spędzała czas z Filipem. Zawsze było dla niej miejsce na bekstejdżu.

Agnes couldn't believe it. It was like a dream come true. Since that day, her idol was her best friend. Agnes was at every concert of his and spent time with him. She always had a place backstage.

Streszczenie

Agnieszka pracowała w biurze w centrum miasta. Codziennie słyszała jak ktoś śpiewał i grał na gitarze. Pewnego dnia po skończonej pracy poszła na stare miasto i postanowiła zjeść lody. Po chwili zauważyła muzyka. To był ten sam muzyk, którego codziennie słyszała. Muzyk był bardzo podobny do idola Agnieszki—Filipa Lewandowskiego. Po skończonym koncercie Agnieszka powiedziała muzykowi, że zagrał świetny koncert. Muzyk wyglądał jak bezdomny więc Agnieszka postanowiła mu pomóc. On jednak powiedział, że nie potrzebuje pomocy. Okazało się, że muzyk był Filipem Lewandowskim i grał incognito. Agnieszka i jej idol stali się przyjaciółmi.

Summary

Agnes worked in an office in the city center. Every day, she heard someone sing and play the guitar. One day after finishing work, Agnes went to the old town and decided to eat ice cream. After a while, she saw a musician. It was the musician she had heard every day. The musician looked exactly like Agnes' idol—Filip Lewandowski. After the performance, Agnes told the musician that he played a really good concert. The musician looked like a homeless man, so Agnes decided to help him. He said that he didn't need any help. It turned out that the musician was Filip Lewandowski, who performed incognito. Agnes and her idol made friends with each other.

Vocabulary

Odpoczynek – relax

Słoneczny – sunny

Odetchnąć – to get some rest

Lody – ice cream

Restauracyjny ogródek – a restaurant garden

Grajek/muzyk – a musician

Dziwacznie – peculiar

Bezdomny – homeless

Broda i wąsy – beard and mustache

Znoszony – worn-out

Dziury – holes

Nie przejmować się – to not care

Tłum ludzi – a crowd

Nagrywać – to film

Gitarowy futerał – a guitar case

Zbieg okoliczności – a coincidence

Charakterystyczny – characteristics

Jasnoniebieski – light blue

Rozejść się – to disperse

Utwór – a song

Idol – an idol

Płyta – a record

Rzadki – rare

Niewygodny – inconvenient

Urazić kogoś – to hurt someone

Powiedzieć prawde – to tell the truth

Podobieństwo – resemblance

Sztuczny – fake

Odkleić – to detach

Peruka – a wig

Ukryta kamera – a hidden camera

Podziwiać – appreciate

Wygląd – physical appearance

Pytania

1. Gdzie pracowała Agnieszka?
2. Co zrobiła Agnieszka po skończonej pracy?
3. Na jakim instrumencie grał muzyk?
4. W co był ubrany muzyk?
5. Jak się nazywał idol Agnieszki?
6. Jaki kolor oczu miał muzyk?

a) Zielone

b) Brązowe

c) Jasnoniebieskie

7. Jakie nieprawdziwe imię miał muzyk?

a) Artur

b) Robert

c) Filip

8. Jak Agnieszka dowiedziała się, że muzyk był jej idolem?

a) Ktoś jej powiedział

b) Muzyk jej powiedział

c) Odkryła to sama

9. Co stało się po odkryciu prawdy?

a) Agnieszka i Filip stali się przyjaciółmi

b) Filip obraził się na Agnieszkę

c) Filip uciekł z kraju

Questions

1. Where did Agnes work?

2. What did Agnes do after finishing her work?

3. What instrument did the musician play?

4. What did the musician wear?

5. What was the name of Agnes' idol?

6. What color were the musician's eyes?

a) Green

b) Brown

c) Light blue

7. What was the musician's fake name?

a) Artur

b) Robert

c) Filip

8. How did Agnes discover that the musician was her idol?

a) Someone told her

b) The musician told her

c) She discovered it on her own

9. What happened after discovering the truth?

a) Agnes and Filip became friends

b) Filip took offence at Agnes

c) Filip escaped from the country

Odpowiedzi

1. W biurze

2. Poszła do restauracji zjeść lody

3. Na gitarze

4. Dżinsy i T-shirt

5. Filip Lewandowski

6. c

7. a

8. b

9. a

Answers

1. At an office
2. She went to the restaurant to eat ice cream
3. Guitar
4. Jeans and a T-shirt
5. Filip Lewandowksi
6. c
7. a
8. b
9. a

Conclusion

Congratulations on making it through to the end of this book. It should have been informative and provided you with all of the tools you need to achieve your language learning goals. Hopefully, you also enjoyed the interesting stories and learned something!

Now, you should feel more secure while reading or even talking. It is recommended that you reread everything, from the beginning, and see if you understand it a little better the second time around.

From this point, you can finally start the real journey, where you will apply your knowledge and express yourself more aptly and naturally and make your Polish shine. Plus, if you ever get stuck, you can always come back to this book at any time for a refresher lesson.

Finally, if you found this book useful in any way, a review on Amazon is always appreciated!

Here's another book by Simple Language Learning

Made in the USA
Monee, IL
18 November 2021